Orbis

In der Reihe »Sternzeichen der Liebe« von Linda Goodman
sind folgende zwölf Einzelbände lieferbar:

Widder (01070)
Stier (01071)
Zwillinge (01072)
Krebs (01073)
Löwe (01074)
Jungfrau (01075)
Waage (01076)
Skorpion (01077)
Schütze (01078)
Steinbock (01079)
Wassermann (01080)
Fische (01081)

Linda Goodman

Sternzeichen der Liebe

Der Steinbock

Seine Liebe – Seine Partner

21. Dezember – 19. Januar

Orbis Verlag

Originaltitel: Linda Goodman's Love Signs
Übertragen aus dem Amerikanischen vom Editorenteam
Burkhardt Kiegeland GmbH, München, und von Dr. Helga Zoglmann, Wien

Für die Grenzfälle, bei denen die angegebenen Daten
für ein Tierkreiszeichen von den gewohnten abweichen,
verweisen wir auf die Erläuterungen des Kapitels
»Ihr Sonnenzeichen«, Seite 34 ff.

Genehmigte Sonderausgabe 1999
Orbis Verlag für Publizistik, München
in der Verlagsgruppe Bertelsmann GmbH

Umschlaggestaltung: Sabine Hüesker, München
Druck und Bindung: Elsnerdruck, Berlin
Made in Germany
ISBN 3-572-01079-9

Inhalt

Vorwort

Es gibt wohl kaum ein geselliges Beisammensein, bei dem nicht unweigerlich eine Frage wie diese auftaucht: »Wie vertragen sich Schütze und Fisch?« In Radio, Fernsehen und Zeitungsinterviews sind Astrologen immer wieder mit Fragen konfrontiert wie: »Mein Mann ist ein Löwe, und ich bin ein Wassermann. Ist dies der Grund, warum wir uns so oft streiten?« – oder »Welches Sternzeichen sollte ein Zwilling heiraten?«

Jedermann möchte die Grundregeln für das Harmonieren der Sonnenzeichen kennen, und es ist durchaus die Zeit und Mühe wert, zwei Horoskope auf ihre Verträglichkeit hin zu vergleichen. Entdeckt man eine im Trigon*, Sextil oder in Konjunktion stehende Beziehung zwischen den Sonnenzeichen eines Paares, eine im Trigon, Sextil oder in Konjunktion stehende Beziehung zwischen den Sonnen- und Mondzeichen (die Zeichen, durch die Sonne und Mond zur Zeit der Geburt zogen) der beiden, kommt dann noch eine positive Wechselwirkung der Aszendenten-Zeichen mit den Planeten hinzu, so gewinnt Liebe an Tiefe. Jede Liebe ist fähig, Wünsche in Realität zu verwandeln, aber die Liebe zwischen zwei Menschen, deren persönliche Auren so harmonisch verbunden sind, schafft jenen emotionalen Gleichklang, den die Dichter besingen.

Denkt man an die Millionen Paare auf der Welt, die versuchen, gemeinsam Erfüllung und Zufriedenheit zu finden (oder schon gefunden haben), an jene, die einander schwerste Prüfungen auferlegen, so verwundert es nicht, daß diese vollkommen

* Alle astrologischen Begriffe werden in einem alphabetischen Verzeichnis auf Seite 174 erläutert.

miteinander harmonierenden Menschen esoterisch als »Seelen-Partner« oder »Zwillingsseelen« bezeichnet werden.

Es geschieht oft, daß ein Mann und eine Frau schon beim ersten Zusammentreffen in den Augen des Gegenüber die andere Hälfte ihres Selbst erkennen. Die Augen werden zu Recht »die Fenster der Seele« genannt. Sogar die Stimme ist dem Ohr des anderen vertraut, wie der Klang einer unvergeßlichen Melodie. Beinahe im ersten Augenblick des Zusammentreffens, wenn sich beide das erste Mal ansehen, fliegen ihre Seelen in freudigem Erkennen aufeinander zu, – Konvention und Sitte, alle gesellschaftlichen Verhaltensregeln mißachtend, getrieben von einem höheren Wissen, das sich nicht unterdrücken läßt. Auf unerklärliche Weise, oft ohne auch nur ein Wort darüber zu verlieren, wissen sie, daß sie nur durch den anderen hoffen können, Ganzheit zu finden – nur wenn sie zusammen sind, können sie beide in jeder Hinsicht vollkommen werden.

Ein Mann und eine Frau, die Seelen-Partner sind, brauchen die Worte »Ich liebe Dich« nicht auszusprechen, da sie ganz sicher wissen, daß sie für alle Ewigkeit zueinander gehören. Die Worte der Hochzeitszeremonie: »Was Gott zusammengefügt hat, das soll der Mensch nicht scheiden«, beziehen sich darauf. Doch ist diese Warnung nicht nötig, sondern nur ein symbolisches Ritual, da kein Mensch die Zwillingsseelen trennen kann, nicht einmal die Betroffenen selbst. Noch kann es irgendeine Energie des Universums. Die Kraft, die sie aneinander bindet, ist allmächtig und unzerstörbar. Die Bindung kann vielleicht geschwächt, die endgültige Vereinigung aufgeschoben werden, aber eine Trennung für immer wird es nie geben.

Diese Art spontaner Zuneigung wird oft »Liebe auf den ersten Blick« genannt; sie ist keine Laune des Schicksals, sondern sehr real. Es ist mehr als nur ein seltsamer Zufall, daß Zwillingsseelen in dieser großen, weiten Welt irgendwann zusammenfinden. Daß sich ihre Wege kreuzen, wurde auf einer höheren Stufe des Bewußtseins vorausbestimmt. Es sind gewisse geistige Energien am Werk, die ihr Treffen herbeiführen, so sicher wie der Wandertrieb der Vögel und das Wiederkehren der Kometen von einem ähnlichen universalen Gesetz regiert werden. Ihre Begegnung wird durch das Karma bestimmt, das nichts anderes ist als die Gesamtsumme aller Ursachen, die in der Vergangenheit in Bewegung gesetzt wurden – und diese bestimmen die Gegenwart.

Die Frage, welche besonderen Planeten-Einflüsse in der Nativität (Horoskop und Geburtsgraphik) zweier Menschen dem Astrologen zeigen, daß es sich um Zwillingsseelen handelt, ist zu kompliziert, als daß sie in diesem Buch in allen Einzelheiten erklärt werden kann. Wenn wir annehmen, daß solche Planeten-Einflüsse in den jeweiligen Horoskopen von Liebenden gegenwärtig sind, werden uns die Horoskope enthüllen, daß die beiden unweigerlich zueinanderfinden werden.

Während der ermüdenden Suche nach der Zwillingsseele wird es viele Fehlschläge geben, viele Beziehungen, die zuerst echt scheinen, dann aber zu Desinteresse und Langeweile verblassen. Sogar dann, wenn der Seelen-Partner schließlich entdeckt ist, kann es noch zu Komplikationen und quälender Ungewißheit kommen, was wiederum zeitweise seelischen Schmerz verursacht. Nur in fortwährender und beständiger Ausübung von Toleranz und Vergebung kann dieser Schmerz gelindert werden. Wer Leid zufügt, um sich für erlittenes Leid zu rächen, wird in der Zukunft durch das Wirken des Karmas nur neues Leid erfahren.

Manchmal erscheinen die Probleme zweier Menschen, die einander lieben, riesengroß, erscheint die Wand, die sie voneinander trennt, unüberwindlich. Doch ihre Probleme können gelöst werden durch die Liebe, die geheimnisvolle Macht, die allen eigen ist, die lieben, ohne daß sie sich dessen bewußt werden. Mag das zugefügte Leid auch noch so groß gewesen sein, die Liebe wird alles auslöschen, als wäre nichts geschehen. Dies tritt jedoch nicht ohne den Wunsch und die Anstrengungen dessen ein, der den Schmerz verursacht hat – und nicht ohne das Vergeben von seiten desjenigen, der so tief verletzt wurde. Wunsch, Anstrengung und Vergeben – diese drei zusammen sind nötig, um Kraft und Macht der Liebe freizusetzen.

Diejenigen, die wirklich lieben und innig mit der anderen Hälfte ihres Selbst verbunden sind, haben nicht den Wunsch, Kriege zu beginnen oder andere zu beherrschen. Wie die alles überwindende Liebe von Romeo und Julia sogar noch im Tod die Macht hatte, die Feindschaft zu beenden und die miteinander im Streit liegenden Capulets und Montagues zu versöhnen, so soll auch die ekstatische Verbindung von allen liebenden Zwillingsseelen die gleiche Kraft haben, die Menschheit zu vereinen, allen Erdenbürgern dauerhaften Frieden und Wohlergehen zu bescheren.

Leider wird heutzutage Liebe viel zu oft mit ausschweifender Sexualität gleichgesetzt.

Sex ist keine »Sünde«, nur der Mißbrauch seiner Energien ist eine Versündigung gegen das eigene Selbst. Sexuelle Vereinigung ist die Ekstase der »Tiefe«, die von denen entdeckt wird, die lieben. Es ist einfach eine Frage der Prioritäten. Zuerst verliebt man sich mit den Augen, dann mit dem Verstand, danach mit dem Herzen (Emotionen). Und von da an teilt die Seele diese Erfahrung – ob man es merkt oder nicht, man hat sich geistig »verliebt« –, und es ist an der Zeit, daß man sich mit dem Körper verliebt.

Es wird nicht gutgehen, wenn es in umgekehrter Reihenfolge geschieht; denn nur die Augen wissen, wie sie einen zu dem Geist des anderen führen, auf den man blickt. Nur der Verstand weiß, in das Herz des anderen zu leiten, mit dem man eine geistige Verwandtschaft gefunden hat. Nur das Herz kann einen zur Einheit mit der Seele dessen bringen, den man liebt. Und nur die Seele kann in die Ekstase der sexuellen Vereinigung führen, um »ein Körper« zu werden.

Aber wenn Sie mit dem Körper beginnen . . . Der Körper weiß nicht, wohin er Sie führen kann, außer in noch größere fleischliche Lust, die in sich selbst nicht die Kraft hat, die Sehnsucht der Liebe zu erfüllen oder den tieferen Hunger der Liebe zu stillen – eine Lust, die, nach bestimmten physiologischen Gesetzen, schließlich nur dazu führt, daß man immun gegen Sinnesempfindungen wird, immer mehr Stimulierung braucht – bis am Ende, wie bei Drogen, sogar dafür die Toleranzgrenze erreicht wird und man zu gar keinen Gefühlen mehr fähig ist. Benutzt man den Körper nur als Instrument für Sex allein, ohne Liebe, ist es so, als höre man eine Sinfonie in Stereo, aber mit nur einem Lautsprecher.

Es gibt keinen Traum, der nicht Realität werden, kein Gesetz, das man nicht ändern, keine Situation, die man nicht auf den Kopf stellen könnte – wäre man nur imstande zu lieben. Genug lieben ist nicht einfach. Genug lieben heißt nicht, nur diejenigen lieben, die einen selbst lieben, die freundlich, rücksichtsvoll und großzügig sind. Genug lieben heißt auch diejenigen lieben, die einem Böses nachsagen, die einen hassen, und die diesen Haß auch deutlich ausdrücken, denen es offensichtlich an jeglichem Mitgefühl und jeglicher Empfindsamkeit mangelt. Jedermann kann Liebe denen geben, die ihn selbst lieben. Doch diese Art Liebe vermag keine Berge zu versetzen; auf sie sollte man nicht stolz sein. Wir sind auf Erden, um die tiefere und schwierigere Lektion der Liebe zu lernen, daß man die Ungeliebten lieben muß. In dieser Leistung liegt all die Kraft und Energie für wahre Leidenschaft.

In astrologischen Begriffen ausgedrückt, ist es für Löwen und Widder, für Stier und Steinbock keine große Mühe, sich zu lieben. Will ein Widder jedoch mit einem Krebs, ein Löwe mit einem Skorpion, ein Stier mit einem Wassermann Harmonie erreichen, so erfordert dies jene tiefere Liebe.

Dieses Buch unternimmt den Versuch, diejenigen zu leiten, die das Glück haben, mit Menschen aus verträglichen Sonnenzeichen vereint zu sein – aber auch jenen den Weg zu Toleranz und Harmonie zu zeigen, deren Schicksal es ist, mit Menschen entgegengesetzter Sonnenzeichen zusammenzuleben.

Sogar bei zwei Menschen, deren Sonnen- und Mondzeichen harmonisch stehen, gibt es immer wieder einige Planeten in den Geburtshoroskopen, die nicht harmonieren und dadurch Reibungen und Spannungen verursachen.

Wer von uns ist nicht bisweilen wenig liebenswürdig? Sind wir es nicht sogar meist dann, wenn wir uns im geheimen nach Liebe sehnen und der Liebe am meisten bedürfen? Wie schön ist es dann, wenn uns jemand Zuneigung schenkt, zu dem wir unfreundlich waren . . . Wenn wir uns entschuldigen wollen und darauf zu hören bekommen, man habe uns längst verziehen.

Harmonie ist so einfach zu erreichen – nämlich mit alles verzeihender Liebe!

Die zwölf Grunderfahrungen in der Liebe

Auf jeder der folgenden Erfahrungsstufen ist jeder Mensch in der Lage, anderen die erstgenannte Eigenschaft zu geben und zu *lehren*, während es ihn viel Mühe kostet, die an zweiter Stelle genannte Eigenschaft zu *lernen*. Die Seele muß diese ersten sechs Grunderfahrungen mehrmals durchlaufen:

Widder das Neugeborene	»ich bin«	*lehren*, daß Liebe Unschuld bedeutet, und *lernen*, daß Liebe Vertrauen ist
Stier das Baby	»ich habe«	*lehren*, daß Liebe Geduld bedeutet, und *lernen*, daß Liebe Vergeben ist
Zwillinge das Kind	»ich denke«	*lehren*, daß Liebe Bewußtsein bedeutet, und *lernen*, daß Liebe Gefühl ist
Krebs das Kind in der Pubertät	»ich fühle«	*lehren*, daß Liebe Verehrung bedeutet, und *lernen*, daß Liebe Freiheit ist
Löwe der Teenager	»ich will«	*lehren*, daß Liebe Ekstase bedeutet, und *lernen*, daß Liebe Bescheidenheit ist
Jungfrau der Erwachsene	»ich analysiere«	*lehren*, daß Liebe Reinheit bedeutet, und *lernen*, daß Liebe Erfüllung ist

Hat der Mensch beim Durchlaufen dieser ersten sechs Entwicklungsstufen emotionale Reife erlangt, muß er mehrmals die zweiten sechs Grunderfahrungen machen, um die tiefere geistige Bedeutung der Liebe zu erkennen:

Waage Ehe	»ich gleiche aus«	*lehren*, daß Liebe Schönheit ist, und *lernen*, daß Liebe Harmonie ist
Skorpion Sex	»ich verlange«	*lehren*, daß Liebe Leidenschaft ist, und *lernen*, daß Liebe Verzicht ist
Schütze Wissen	»ich sehe«	*lehren*, daß Liebe Ehrlichkeit ist, und *lernen*, daß Liebe Treue ist
Steinbock Erfahrung	»ich benütze«	*lehren*, daß Liebe Weisheit ist, und *lernen*, daß Liebe selbstlos ist
Wassermann Idealismus	»ich weiß«	*lehren*, daß Liebe Toleranz ist, und *lernen*, daß Liebe Einheit ist
Fische Unterwerfung	»ich glaube«	*lehren*, daß Liebe Mitgefühl ist, und *lernen*, daß Liebe alles ist

Um so schließlich zu verstehen: Liebe ist ewig.

Da der Mensch Eigenschaften von anderen Sonnenzeichen in seine eigene Persönlichkeit aufnimmt – einige lehrt, andere dafür lernt –, hat er die geistige Verpflichtung, die positive Integrität seines eigenen Sonnenzeichens zu bewahren und auch dieses Recht bei anderen zu respektieren. Der Löwe braucht seine Würde, der Krebs muß sich an Sicherheit klammern. Der Steinbock verehrt Tradition, und der Zwilling braucht seine Freiheit. Jeder muß das Motto des Wassermann-Zeitalters »leben und leben lassen« befolgen, jeder muß er selbst sein und erkennen, daß die anderen auch sie selbst sein müssen. Der erste Schritt zur Erkenntnis der elementarsten Bedeutung der Liebe ist zu lernen, die Sonnenzeichen-Eigenschaften, die sich von Ihren eigenen unterscheiden, zu tolerieren und nicht zu verurteilen.

Die zwölf Geheimnisse der Liebe

Liebe ist das tiefste Verlangen von Mann und Frau. Es ist nicht die Bedrohung durch Krankheit und Armut, die den menschlichen Geist zerstört, sondern die Angst, daß niemand da ist, der sich wirklich sorgt – niemand, der wirklich versteht. Wir suchen alle nach Liebe, wie gesund, wohlhabend oder weise wir auch sein mögen, da die Alternative dazu nur Einsamkeit ist. Warum ist andauernde, gemeinsame Liebe so schwer faßbar? Um eine vollkommene und ständige Vereinigung mit der anderen Hälfte (der Zwillingsseele) zu erreichen, müssen Mann und Frau die Lektionen der zwölf Sonnenzeichen lernen. Sie müssen die Weisheit der zwölf Geheimnisse der Liebe beherrschen, bevor sie eine vollkommene Harmonie erreichen. In unserer Sehnsucht nach Liebe liegt unsere verborgene metaphysische Weisheit, das Geheimnis des Lebens selbst.

Jedes Sonnenzeichen enthält eine Kraft, die sich in Schwäche kehren und eine Schwäche, die in Kraft umgewandelt werden kann, durch das Gesetz der positiv-negativen Polarität. Was ist die Sturheit des Stiers schon anderes als umgekehrte Geduld? Ist die Impulsivität des Widders nicht die negative Seite des positiven Mars-Muts des Widders? Wird der Löwe den großen Stolz und die Vornehmheit des Löwe-Sonnen-Geburtsrechts für den positiven Zweck nutzen, die Hilflosen zu beschützen, oder für den negativen Zweck, ein arroganter Tyrann über die Wehrlosen zu sein? Wird die vernünftige Krebs-Vorsicht in Ängste und Phobien ausarten? Werden das Mitgefühl und die Bescheidenheit des Fisches sich in die negativen Neptun-Aspekte, Enttäuschung, Introversion und Weltflucht verwandeln? Die Wahl unserer Sonnenzeichen-Polaritäten liegt nur an uns.

Das Liebesgeheimnis des Widders

Die Widder-Seele, symbolisch neugeboren, steht in Bezug zu Dämmerung, Sonnenaufgang, Frühling und Ostern – oder zur Wiederauferstehung vom »Tod« im vorhergehenden Zeichen Fische.

Wie ein menschlicher Säugling, der vollkommen in sich selbst vertieft ist, entdeckt die Widder-Seele mit größter Freude ihre eigenen Finger und Zehen – ihr eigenes physisches Wesen. Um alle Wünsche zufriedenzustellen, ist nur ein einzelner, lauter Schrei nötig, der von den Älteren umgehend gehört und beantwortet wird. Der Säugling bezweifelt oder fürchtet nichts und niemand, aus dem einfachen Grund, weil ihm noch nie etwas verweigert wurde. So besitzt auch die »Säuglings«-Seele des Widders ein natürliches Vertrauen und einen unerschütterlichen Glauben in die unsichtbaren Kräfte der Güte, die ihm auf geheimnisvolle Weise alle seine Wünsche erfüllen werden.

Auf der Erde ist diese wohltätige Macht durch die Eltern repräsentiert, die zärtlich auf ihren Säugling sehen und ihn vor seiner eigenen Naivität schützen, indem sie ihm weise einige seiner Wünsche verweigern, die er in dem erregten Bewußtsein äußert, daß er ist – daß er geboren wurde, daß er anwesend ist. Die Seele des Widders fühlt: »Ich bin« oder »Ich existiere«. Und wie der symbolische Säugling sind Widder-Mann und -Frau auch blind gegenüber möglichen Unfällen, Schmerzen und Grausamkeiten auf dem Lebenspfad. Er oder sie lernt diese Erfahrungen durch diejenigen kennen, die bereits weiter fortgeschritten sind im Entwicklungsprozeß und eine gewisse Härte, Argwohn und den Überlebensinstinkt erworben haben.

Der Widder-»Säugling« muß wie der wirkliche Säugling die schmerzliche Erfahrung enttäuschten Vertrauens machen. Mangelt es ihm, dem Neugeborenen, an freundlicher Zuwendung und Mitgefühl, fühlt es sich verlassen, ist es schockiert, verängstigt – und schreit dann um so mehr nach Zuwendung. Auf gleiche Art (und aus den gleichen Gründen) braucht und sucht die Seele der desillusionierten Widder-Männer und -Frauen Anerkennung, fordert dabei aber bisweilen Ablehnung heraus als heftige, gefühlsmäßige Reaktion auf Vernachlässigung.

Die positiven Eigenschaften des Widders sind herzbewegende Unschuld und Staunen, blindes Vertrauen und Mut. In negativer Form können sie zu selbstsüchtigem Egoismus, Gedankenlosigkeit, Aggressivität und impulsivem Handeln, ohne Rücksicht auf Konsequenzen, führen.

Für die Seele des Widders ist die Liebe eine Notwendigkeit des Lebens, die als selbstverständlich hingenommen wird. Daher wird Liebe instinktiv erwartet und freudig akzeptiert, doch mit wenig Verständnis dafür, wie man sie zurückgibt. Der Widder verlangt nach Liebe, da er, wie ein Kind, ohne Liebe sterben würde. Wenn emotionelle Verlassenheit (symbolisch) den Tod bedeuten kann, so kann beim Widder schon das leiseste Gefühl von Verlassenheit zu einer ungerechtfertigten Panikreaktion führen, die man nur durch wiederholte Beweise von Zuneigung abschwächen kann. Der Widder muß unaufhörlich daran erinnert werden, daß, »wenn der Winter kommt« . . . der Zauber des Frühlings nicht weit sein kann.

Das Liebesgeheimnis des Stiers

Die Stier-Seele ist symbolisch ein gesundes, pausbäckiges Baby, das gelernt hat, zu gewohnten Stunden zu schlafen.

Es schreit jetzt nicht mehr ohne Grund aus Furcht oder Einsamkeit. Auch macht es sich nicht mehr so lautstark mit seinen Wünschen bemerkbar wie das Widder-»Neugeborene«. Es hat entdeckt, daß sein Verlangen von seinen Eltern gestillt wird. Wie das menschliche Baby ist die Seele im Stier-Stadium damit zufrieden, ruhig und geduldig in seinem Kinderstuhl zu sitzen und auf sein tägliches Brot mit stiller, vertrauender und sicherer Erwartung zu harren.

Auch hat der Stier gelernt, wie man durch gutes Benehmen mehr Vergnügen, mehr Gefälligkeiten von den »Eltern« oder anderen Erwachsenen erschmeichelt. Lächeln und Gehorsam werden belohnt, und der Stier vergißt nicht, was er einmal gelernt hat, wie schmerzhaft und langwierig es auch war. Da er im wesentlichen noch nichts von alledem, was außerhalb seiner unmittelbaren Umgebung geschieht, aufnehmen kann, findet der Stier-Mann oder die Stier-Frau (ebenso wie das symbolische Baby) das Glück eher im Familienkreis und im Greifbaren – in dem, was vertraut ist – als in der seltsamen und lärmenden Welt da draußen.

Das Stier-»Baby« entdeckt die Freude, die Sinne des Geschmacks, des Sehens, Hörens, Riechens und Berührung zu benutzen.

Weil Besitz Glück bringt, ergreift ihn der Stier, liebkost ihn, findet daran Gefallen, ihn sein eigen zu nennen. Der Stier sagt: »Ich habe«. Der Stier ist stark vom körperlichen Kontakt mit geliebten Personen abhängig. Der von Venus beherrschte Stier versteht Zuneigung nur, wenn er fühlen kann, daß sie existiert. Das Baby ergreift Besitz von seinen Spielsachen und von der Aufmerksamkeit der Eltern, grämt sich über jeden materiellen und ideellen Verlust, weigert sich stur, etwas von seinem Besitz an andere abzugeben. Genauso verhält sich der männliche oder weibliche Stier auch hinsichtlich des Bankkontos und Lebenspartners.

Die positiven Eigenschaften des Stiers sind Willensstärke, Geduld, Standhaftigkeit und Überzeugung. In negativer Form drückt sich dies in Eigensinn, blinder Voreingenommenheit und Unvernunft aus.

Dem fröhlichen Baby, symbolisch für die Stier-Seele, bedeutet Liebe physische Zuneigung. Da das Baby Liebe mit Vergnügen und Glück assoziiert, sonnt auch der Stier sich in ihr mit unkomplizierter Wertschätzung. Aus diesem Grund akzeptiert und gibt der Stier die Liebe mit den Sinnen –, aber er muß erst lernen, ihren wahren Wert und ihre wahre Bedeutung zu verstehen.

Das Liebesgeheimnis der Zwillinge

Der Zwilling befindet sich symbolisch in der Welt des Kleinkinds. Wie dieses wird er sich seiner eigenen Mentalität bewußt, wird sich darüber klar, daß er nicht allein im Universum ist. Die Kinder-Seele des Zwillings lernt sich mitzuteilen, indem sie spricht, Worte formt und sie aneinanderreiht, während Eltern und andere aufmerksam zuhören und sich an jedem neuen Laut erfreuen. Sprechen macht Spaß, da man dadurch alle Aufmerksamkeit auf sich zieht. Auch kann er zur Plätzchen-Dose kriechen, krabbeln oder gehen und sich selbst bedienen, ohne daß er wie der Widder schreien oder wie der Stier warten muß, und diese Erfahrung ist berauschend. Der Zwilling ist erregt von dem Wissen, daß er zupacken kann – »Ich denke« ruft er der Welt in großer Erregung zu.

Das symbolische Kind-Stadium des Bewußtseins lehrt die Zwillings-Seele, daß es zwei Seiten des Charakters gibt – eine Zweiheit oder Polarität, die in Einklang gebracht werden muß, bevor man erfolgreich mit anderen umgehen kann. Da der Zwilling sich plötzlich nach Vergnügungen außerhalb des Hauses und der Familie sehnt, lädt die Welt die Zwillings-Männer und -Frauen ein, sie zu erforschen. Mit der geistigen Fähigkeit, zu urteilen und zu folgern – Bezüge herzustellen –, beginnt der Zwilling, sich nach Dingen jenseits dessen, was er bis jetzt gesehen hat, zu sehnen und davon zu träumen.

Zur Hälfte ist die Zwillings-Seele noch ein unsicheres Baby, das das Vertraute braucht. Zur Hälfte ist sie das sehnsuchtsvolle Kind, neugierig auf die vielen unentdeckten Wunder, gerade außerhalb der unmittelbaren Reichweite. Und so experimentiert diese Doppel-Persönlichkeit mit hellen Augen und hoffnungsvollem Herzen. Jeder neue Tag bringt dem Geist des Zwillings faszinierende Erkenntnisse, vergessen sind die Spielsachen und die beschützende elterliche Zuneigung.

Die positiven Eigenschaften des Zwillings sind Vielseitigkeit, geistige Wachsamkeit, schnelles Wahrnehmungsvermögen, geschicktes Urteilen und Beweglichkeit. In der negativen Form kommt dies zum Ausdruck durch Ruhelosigkeit, Geschwätzigkeit, Oberflächlichkeit, Doppelzüngigkeit, Unzuverlässigkeit und Selbsttäuschung.

Für das Zwillings-»Kind« hat die Liebe etwas von ihrem Zauber verloren. Es braucht sie mehr, als es glaubt, doch gibt es etwas Aufregenderes zu suchen als die Liebe. Es ist die Liebe, die einen hindert wegzulaufen. Liebe ist angenehm, aber sie schränkt auch ein. Zwillings-Männer und -Frauen haben nie aufgehört, sie zu brauchen oder nach ihr zu verlangen, doch wenn sie zu einem Hindernis für die Freiheit wird, werfen sie sie hastig über Bord, vergessen sie die Wärme und Sicherheit, die sie spendet – und machen sich keine Gedanken darüber, daß sie möglicherweise Schiffbruch erleiden und dann den Weg zurück nach Hause nicht mehr finden können.

Das Liebesgeheimnis des Krebses

Die Krebs-Seele ist dem Kind in der Pubertät zu vergleichen, das zwischen Kindheit und Reife schwankt, sich danach sehnt, erwachsen zu werden und doch noch zögert, zur anderen Seite überzuwechseln. Die launische, sensible Seele des pubertären Kindes pendelt zwischen kindlicher Abhängigkeit und der verlockenden Welt des Erwachsenseins hin und her. (Wie ist es wohl, Mann oder Frau zu sein?) In der symbolischen Pubertätsphase beobachtet die Krebsseele die Erwachsenen (Menschen) in der Umgebung, ist ungeheuer aufnahmefähig für alles Gesehene und Gehörte. Doch diese erwachsene, materielle Welt, die sie so intensiv beobachtet, deutet auch auf häufige Desillusionen hin.

Und so sind die Träume des Krebses gestört und lassen ihn in der Nacht weinen; er holt seinen alten Teddybären aus dem Schrank und umarmt ihn, wenn niemand zusieht. Den Krebs verwirren seine wechselhaften Launen selbst ebenso wie seine Familie. Aber seine Ängste sind sehr wirklich für ihn. Er befürchtet, daß Reife für ihn den Verlust an Sicherheit, die er von seiner Familie, besonders aber von seiner Mutter, kennt, bedeutet. Werden Fremde jemals soviel Aufhebens um ihn machen oder ihn so bedingungslos lieben wie seine Mutter? Er beginnt zu argwöhnen, daß sie es nicht tun werden.

Unfähig, diese Befürchtungen zu erklären, wird der Krebs verschwiegen und träumt allein – oder er versteckt sich und schmollt und bildet sich ein, daß niemand ihn versteht. Der Krebs hat schon gelernt, was Verlust bedeutet. Vielleicht sind Freunde aus seinen Kindheitstagen umgezogen, hat die Familie die Wohnung gewechselt, ist die altvertraute Nachbarschaft verlorengegangen. Das Leben ist nicht mehr so aufregend, wenn der Krebs die verborgenen Fallen spürt. Der »pubertäre« Krebs-Mensch weiß, das Erwachsenwerden auch unerwarteten Schmerz bringen wird, also klammert er sich an das, von dem er glaubt, er könne darauf vertrauen – das Gestern.

Da die neuen Wahrnehmungen so deutlich sind, sieht der Krebs im Leben eine Kombination von Tragödie und Komödie. Trotz ihrer angeborenen Schüchternheit wird sich die Krebs-Seele nicht in den Hintergrund drängen lassen, denn unerklärliche Furcht kann in vernünftige Vorsicht umgewandelt werden. Gefühle rühren die Seele des Krebses zu Tränen. Angetrieben von dem Verlangen, wahre Gefühle zu verbergen, sagt er: »Ich fühle« – dann, damit niemand auch nur annimmt, daß er so tiefe Gefühle hat, wird er Witze machen und dabei glauben, die Leute täuschen zu können. Wenn er nicht zärtlich behandelt wird, kann der Krebs-Mann oder die Krebs-Frau eine harte und schützende Schale gegen die grausame Welt entwickeln.

Die positiven Eigenschaften des Krebses sind Phantasie, Zähigkeit, Zärtlichkeit, Sensibilität, Fürsorge und Vorsicht. In der negativen Form kommen sie zum Ausdruck in Geiz, Reizbarkeit, Melancholie, übertriebener Anhänglichkeit und Feigheit, Besitzgier und Launenhaftigkeit.

Für den Krebs, wie auch für das unsichere und sentimentale Kind in der Pubertät ist die Liebe wichtig; er stellt sie über alles. Sie ist gleichbedeutend mit dem Heim, das emotionelle Sicherheit darstellt, und das Verlangen nach Liebe ist so groß, daß er glaubt, es vor anderen verbergen zu müssen.

Das Liebesgeheimnis des Löwen

Die zwischen Kindheit und Erwachsensein schwankende Seele des Krebses, des Kindes in der Pubertät, wird unter dem Einfluß des Löwen plötzlich zum Teenager, der sich seines Selbst bewußt geworden und stolz auf seine Persönlichkeit ist. Der Löwe weiß (oder glaubt zu wissen), wer er ist. Die Welt gehört dem Löwen – oder der Löwin – und so blickt der Löwe »Teenager«

auf sein Bild im Spiegel, bewundert, was er sieht, und macht das feierliche Versprechen: »Ich will.«

Der Idealismus der Jugend bewegt das Herz des Löwen, die erwachende Sexualität versetzt sein Blut in Wallung. Beides sind starke Triebe, die Zweifel an der eigenen Persönlichkeit mit sich bringen, die er aber unter der nach außen zur Schau getragenen Selbstsicherheit verbirgt. Der Löwe weiß sein Selbstvertrauen richtig einzusetzen, gebraucht es, um andere zu belehren, übernimmt die Verantwortung für sein eigenes Leben und herrscht über die, welche den Schutz des Löwen brauchen. Doch sucht der Löwe genau wie der wirkliche Teenager, immer noch Bestätigung in Form von Schmeichelei, kuscht im geheimen, wenn er lächerlich gemacht wird, weil er noch nicht ganz erwachsen ist – trotz aller Selbstsicherheit.

Der Löwe bringt denen mitfühlende Rücksichtnahme entgegen, die verletzbarer sind als er. Obwohl er gelernt hat, seine Feinde zu tolerieren und ihnen zu vergeben, hat er noch nicht gelernt, die Weisheit der Älteren zu respektieren. Wie der wirkliche Teenager glaubt der Löwe, alle Antworten zu kennen, und reagiert ungehalten auf die, die seine neuen, weltlichen Erkenntnisse in Frage stellen. Die Löwen-Seele verehrt die Sonne, da die Sonne ihr Geburtsherrscher ist, die Quelle allen Lebens – und ihrer eigenen Kraft. Der Löwe bewundert und wird bewundert, er liebt und wird geliebt. Wenn das gesellschaftliche Leben beginnt, beginnen auch die Freuden der romantischen Liebe zu keimen . . . und schließlich zu blühen. Die Liebe der Jugendzeit bringt dem Löwen-»Teenager« Begeisterung wie Enttäuschung. Die Macht seiner Männlichkeit (oder Weiblichkeit) gibt dem Löwen das Gefühl von Würde und Wichtigkeit – durch das andere Geschlecht. Die Verantwortung der Reife wird gespürt, aber noch nicht als Last empfunden. Leben ist nur eitel Sonnenschein, die düstere Vergangenheit liegt zurück, das Wunder der Zukunft liegt vor ihm – und die Gegenwart ist eine Zeit für Vergnügen und Entspannung. Der Löwe glaubt, daß die Welt seine neugefundene Weisheit braucht, und er gibt sie mehr als gern.

Die positiven Eigenschaften des Löwen sind Herzenswärme, Großzügigkeit, Edelmut, Treue, Führungskraft und eine besänftigende, liebevolle Zärtlichkeit – das beschützende Charisma des älteren Bruders oder der Schwester, des Stärkeren für den Schwächeren. In der negativen Form drücken sie sich aus in Arroganz, falschem Stolz, Eitelkeit, Tyrannei, Hochmut.

Für den Löwen als symbolischem Teenager bedeutet Liebe romantisches Verliebtsein, das Hohelied der Minne, die Erfüllung aller Ideale und Schönheit. Der Löwe ist »in die Liebe verliebt« und in sich selbst. Der Löwe schenkt großzügig Zuneigung, weil dies ihm die Genugtuung gibt, so königlich großmütig zu sein, und ihm den Dank und Respekt des so Beschenkten einbringt. Er ist entrüstet, wenn die Liebe es verlangt, daß er sich demütigen läßt – da er deren tieferen Sinn und die von ihr geforderte Aufgabe des »Selbst« noch nicht verstehen kann.

Das Liebesgeheimnis der Jungfrau

Die Jungfrau (deren tieferes Selbst von flüchtigen Romanzen der Jugendzeit unberührt geblieben ist) wird daran erinnert, daß Reife auch ernste Pflichten und Verantwortung mit sich bringt. »Ich analysiere« sagt die Jungfrau abwehrend und bemüht sich um Vollkommenheit.

Die Jungfrau-Seele ist wie ein Erwachsener, der von dem Zwang, sich den gesellschaftlichen Regeln und Beschränkungen anpassen zu müssen, frustriert ist, sich ihnen jedoch mit angeborener Höflichkeit unterwirft. Diese Männer und Frauen haben entdeckt, daß sie auch anderen irgendwie dienen müssen, wenn sie ihre eigenen Bedürfnisse befriedigen wollen. Der Einfluß der Jungfrau lehrt sie, daß man arbeiten und Geld verdienen muß – daß man anderen nützlich sein muß –, um Freiheit für das Vergnügen zu bekommen. Uhren und Zeitpläne spielen eine wichtige Rolle. Die erste Arbeit ist enttäuschend. Ideen und Ideale müssen den Anforderungen der Arbeit oder Schule unterworfen werden. Jetzt ist zum Träumen keine Zeit mehr. Die Aufmerksamkeit der Jungfrau konzentriert sich auf schulische Leistungen und versucht, mit dem heftigen Konkurrenzkampf des Geschäftslebens Schritt zu halten. Lernen und Wettbewerb werden lebenswichtig.

Wie auch der tatsächliche junge Erwachsene sieht die Jungfrau-Seele viel, was zu Kritik Anlaß gibt und bedauert den Verlust der kindlichen Unschuld, da sie keine bestimmten Vorstellungen von der Zukunft hat. Ist dort nur noch mehr Arbeit, mehr Studium, mehr Verantwortung? Wenn es so ist, ist das Leben wirklich ernst und muß mit realistischen Augen betrachtet werden, sobald wie möglich. Die Zeit vergeht. Menschliche Fehler und Unzulänglichkeiten nehmen für die Jungfrau übertriebene Wichtigkeit an. Das Herz ist immer noch rein und erfüllt von stiller Hoffnung, doch der Verstand ist unter Kontrolle.

Von der Furcht vor Abhängigkeit wird die Jungfrau in eine wilde Entschlossenheit getrieben, keine Zeit zu verlieren und keiner Pflicht auszuweichen. Das Bewußtsein ist immer wachsam, aufmerksam und sehnt sich danach, besser zu werden. Obwohl ebenfalls von Merkur beherrscht, hat die Jungfrau-Seele gelernt, ihre Lebenskräfte nicht so zu vergeuden wie der Zwilling.

Die positiven Eigenschaften der Jungfrau sind Klarheit der Gedanken, Urteilsvermögen, Höflichkeit, Hilfsbereitschaft, Ehrlichkeit gegen sich selbst und ein Sinn fürs Praktische. In der negativen Form kommen sie zum Ausdruck in Krittelei, Voreingenommenheit, Schüchternheit, Pessimismus, Unterlegenheit und Haarspalterei.

Für die Jungfrau bedeutet Liebe Selbstaufgabe, ein Geheimnis, das sie lieber nicht lösen möchte. Also steckt sie all ihre Energie in die Arbeit . . ., und obwohl diese Menschen zärtliche Verehrung anbieten, schlummert die wahre Bedeutung der Liebe immer noch im Herzen der Jungfrau.

Das Liebesgeheimnis der Waage

Die Waage-Seele ist sich der Licht- und Schattenseiten des Lebens bewußt. Während des Reifeprozesses hat sie erfahren, daß es in der Welt (und in den Menschen) Gut und Böse gibt. Darüber hinaus wird die Waage von der fesselnden Polarität zwischen Mann und Frau verzehrt.

Die Erfahrung hat den Waage-Menschen gelehrt, die Mitmenschen richtig zu beurteilen. Er sieht die Notwendigkeit, mit anderen Menschen in Verbindung treten zu müssen, und ist fähig, mit Logik und Kraft zu führen. Die Waage handelt mit einer gewissen Weisheit. »Ich gleiche alles aus«, sagt die Waage, indem sie sich selbst brüstet, beide Seiten zu sehen. Da es das Bewußtsein der Waage erschüttern würde, unfair zu sein, sind Entscheidungen schwierig und schmerzhaft. Ein Sinn für soziale Gerechtigkeit kommt zum Vorschein, und angesichts von Vorurteilen und Ungerechtigkeit verliert sich die Waage oft in endlosen Diskussionen, indem sie ihre geschärfte Logik anwendet. Jedoch wird diese Einstellung durch ein neues Mittel der Überredungskunst gemäßigt. Die Waage hat die Eigenschaft des Charmes gewonnen und sieht diesen als einen sicheren Weg zum Sieg an, also benützt sie eine sanfte Stimme und ein strahlendes Lächeln, um kunstvoll zu schmeicheln und um ihren Kopf durchzusetzen.

Die Waage fühlt ein wachsendes Bewußtsein für Schönheit und Harmonie – in Musik, Kunst und in der Liebe. Sie spürt ein tiefes und drängendes Verlangen, einen Partner zu finden. Voller Gefühle, jedoch mit Sinn für die Realität, verspürt die Waage-Seele den Wunsch, jemanden an ihrer Seite zu haben – in Liebe und Geschäft –, um ein Gleichgewicht im Leben zu finden und den Wunsch nach Harmonie – beeinflußt von der die Waage beherrschenden Venus – zu befriedigen. Im Luftelement der Waage ist es jedoch nicht leicht, einen Liebespartner zu finden. Während sie die Laster und Tugenden eines möglichen Partners abwägen, sind Waage-Menschen oft von einer schmerzvollen emotionalen Unentschlossenheit. Doch trotz allem setzen dieser Mann oder diese Frau ihre unnachgiebige Suche nach jemandem, mit dem sie Freuden und Leiden des Lebens teilen können, fort. Die so geliebte Herbstzeit wird eines Tages verblassen, der Frühling, an den sich die Waage so gern erinnert, ist längst vergangen, und nur eines weiß sie genau: er – oder sie – darf nicht allein sein, wenn der Winter kommt.

Die positiven Eigenschaften der Waage sind Gerechtigkeit, Intelligenz, Charme, Freundlichkeit und emotionale Ausgeglichenheit. In der negativen Form kommen sie zum Ausdruck in

Trägheit, Zaudern, Unentschlossenheit, Streitlust, Vergnügungssucht und Reizbarkeit.

Für die Waage bedeutet Liebe eine Verbindung von Verstand und Herz – nicht zu leidenschaftlich, nicht zu distanziert – ein goldener Mittelweg, ein ausgewogenes Teilen. Aber diese Seelen sind von der oberflächlichen Schönheit der Liebe zu sehr geblendet, um vollkommen in den tieferen Sinn der Liebe einzudringen. Sie erkennen nur, daß sie lieben. Doch sind sie noch nicht auf die Idee gekommen, sich zu fragen, warum.

Das Liebesgeheimnis des Skorpions

In der Öffentlichkeit ist der Skorpion unerhört fähig, die ihm anvertrauten Pflichten eines Organisators auszuführen. Auf persönlicher Ebene bereitet ihm die Entdeckung Sorge, vor dem tiefen Geheimnis seiner eigenen Existenz zu stehen. Woher kam er? – Wohin geht er? – Warum ist er hier? Der Skorpion muß den Schleier des Lebens lüften, ohne Rücksicht auf den möglicherweise zu zahlenden Preis, um seinen ruhelosen Geist zu besänftigen, der sich von der alleinigen Beschäftigung mit irdischen Dingen gelöst hat. Und so ruft er aus: »Ich verlange!«

Es gibt viel, was die Skorpion-Seele weiß, aber doch mehr, was sie fühlt und was noch nicht bestimmt werden kann. Der Einfluß des Skorpions bringt ein brennendes Verlangen mit sich, in das Unbekannte einzudringen; dieses Verlangen ist so brennend, daß es Verstand und Seele zerstören würde, bekäme er es nicht mit kühler Vernunft in den Griff. Erfahrungen haben den Skorpion vorsichtig gemacht, denen gegenüber seine Meinung kundzutun, die sie auf keinen Fall teilen werden. Jede erlittene Niederlage stärkt im Skorpion die innere Überzeugung, daß die erste Loyalität nur seiner eigenen persönlichen Integrität gelten darf. Der Skorpion spürt, wenn sein Selbst verloren ist, ist alles verloren.

Sex ist etwas, das vom Skorpion erforscht werden muß, mit einer Intensität, die den anderen Sonnenzeichen unbekannt ist. Obwohl der Skorpion der Liebe nur traut, nachdem sie bewiesen hat, daß sie dieses Vertrauen auch wert ist, ist seine Treue, wenn er sich einmal jemandem verschrieben hat, standhaft und ewig. Da er den heftigen Wunsch hat, sich selbst und die, die er liebt, vor Schmerzen zu schützen, sieht er sich gezwungen, die Forderung »Auge um Auge, Zahn um Zahn« zu stellen als Versicherung, daß Verletzungen nicht mehr vorkommen werden. Durch den sanften Einfluß des beherrschenden Planeten Pluto macht die Skorpion-Seele die Erfahrung des Todes, da Freunde und Verwandte sterben, und diese erhöht in ihm nur noch das Verlangen, noch tiefer in das Wissen einzudringen, das im stillen Unterbewußtsein begraben liegt. Während der Geist des Skorpions sich trotz der Schwerkraft wie ein Adler aufwärts schwingt, verstärken sich die weltlichen Verlangen und Leidenschaften und treiben ihn dazu, seinen Wert in Frage zu stellen. Überempfindlich, doch fähig, diese Sensibilität zu kaschieren, lernt der Skorpion die erstaunliche Macht seines eigenen Verstandes kennen und gebraucht ihn im geheimen, aus Furcht, die anderen würden lernen, die gleiche Art der Macht über ihn auszuüben.

Die positiven Eigenschaften des Skorpions sind Treue, Willenskraft, Anziehungskraft, Freundlichkeit, Scharfblick und eine überraschende Selbstkontrolle. In der negativen Form kommen sie zum Ausdruck durch Unbarmherzigkeit, Fanatismus, Rachgier, Sadismus, Argwohn und Selbsthaß.

Für den Skorpion-Menschen bedeutet Liebe eine verzehrende Flamme, die jedes Opfer wert ist – und er muß deren Herausforderung überwinden. Sexuell ungehemmt, doch emotionell furchtsam und vom Verstand her argwöhnisch, strebt er verzweifelt danach, die physischen und geistigen Schwingungen der Liebe zu vereinen in einer eigenartigen Mischung von Erotik und Reinheit. Doch die Befriedigung des Verlangens hinterläßt in der Skorpion-Seele das Sehnen nach etwas, das jenseits liegt.

Das Liebesgeheimnis des Schützen

Im Schützen wird aus Mann und Frau ein skeptischer Philosoph, ein widerwilliger Prophet, der sich über die endgültigen Antworten des Lebensrätsels unschlüssig ist. Also versucht es der Schütze mit eindringlicher Logik und verwirrender Aufrichtigkeit, um seinem Anspruch »Ich sehe« Glaubwürdigkeit zu geben.

Der Schütze spürt den verzehrenden Drang, seinen eigenen Verstand zu erforschen, und versucht, die Geheimnisse des menschlichen Verhaltens in der philosophischen Phase des höheren Lernens zu entwirren. Aber ein Teil seiner Seele ist verärgert über die harten Anforderungen der immer schwierigeren Erziehung und sehnt sich danach, die ihn stark beanspruchende Schule des Lebens zu schwänzen. Er taucht von den Höhen überlegenen Optimismus und blinden Vertrauens in die Tiefe sarkastischen Zynismus. Zuerst leichten Sinns und lustig, dann ernsthaft, ist der Schütze der Zentaur – halb Mensch, halb Pferd – und zielt scharfe Pfeile der Neugier direkt in das Schwarze des gesuchten Wissens. Die Suche des Schützen nach der Wahrheit führt seine Seele durch den Irrgarten der Religionen; er schwankt zwischen überzeugtem Atheismus und religiösem Fanatismus, bis ihm die kirchlichen Dogmen klar werden – und er sie entweder annimmt oder ablehnt, zum Teil oder im Ganzen.

Oft ist der Schütze ausgelassen wie ein Clown, vernachlässigt dabei den Gedanken an die Zukunft sträflich. Zu anderen Zeiten wiederum denkt er auf einem solch hohen geistigen Niveau, daß seine Mitmenschen ihm nicht folgen können.

Die Schütze-Seele hat das symbolische Stadium des Ruhestands erreicht. Von dem beherrschenden Planeten Jupiter getrieben, sehnt sich der Schütze danach zu reisen, sich unter fremden Sonnen zu wärmen, andere Länder, Menschen und Ideen zu sehen und kennenzulernen. Obwohl er sich widerwillig der Notwendigkeit der Arbeit unterwirft, der Pflicht und der Verantwortung, ist er äußerst ungeduldig mit diesen unwillkommenen Einschränkungen der Realisierung seiner Träume.

Um die ständige Ruhelosigkeit seines Geistes zu verbergen, nimmt der Schütze die Pose eines Schauspielers an, die ihm ermöglicht, andere mit einer Mischung von lustigen oder tragischen Späßen zu unterhalten, während es ihm unter seiner Maske möglich ist, die Tiefe seiner Seele auszuloten. In dieser Phase hat der Schütze wenig Zeit für taktvolles Verhalten, da er eilig vorangeht, um die Antworten zu finden, bevor das »Leben« vorbei ist. Der Herbst geht seinem Ende zu, die ersten Windstürme blasen – und das lebhafte Wettergeschehen fordert den Schützen heraus, das Schicksal zu versuchen, um zu beweisen, daß der Mensch stärker als die Natur ist.

Die positiven Eigenschaften des Schützen sind Optimismus, Offenheit, Fröhlichkeit, Logik, Ehrlichkeit, Kühnheit und Enthusiasmus. In negativer Form kommen sie zum Ausdruck durch Rücksichtslosigkeit, emotionelle Verwirrung, Sorglosigkeit, Taktlosigkeit, Heftigkeit und Unbeständigkeit.

Für den Schützen, der symbolisch das Mittelalter der Seele erreicht hat, muß die wahre Liebe jetzt entdeckt werden – oder sie ist für immer verloren. Da der Schütze einen Partner für alle Jahreszeiten sucht, ist er geblendet vom Idealismus und der Herausforderung der Liebe und daher durch ihre Realität schockiert. Seine ängstliche Suche hat ihn noch nicht dorthin geführt, wo sie sich wirklich verbirgt – in seinem eigenen Herzen.

Das Liebesgeheimnis des Steinbocks

Die Steinbock-Seele, die sich ihrer Fähigkeit und ihres Rechts, die Führung zu übernehmen, sicher ist, fühlt nicht das Verlangen, ihre Macht herauszustellen und damit zu protzen – entweder um in der Öffentlichkeit Anerkennung zu erheischen oder an innerer Sicherheit zu gewinnen. Sie hat gelernt, daß der wahre Frieden von innen kommt. Zum Führer bestimmt zu sein, das bedeutet Verantwortung, die so vorsichtig wie möglich zu handhaben ist, und keine besondere Anerkennung für Handlungen, die offensichtlich zur Pflicht eines Führers gehören. Die Verwandten (besonders die Eltern) des Steinbocks erhalten größere Aufmerksamkeit im Guten oder im Bösen, weil das symbolische »Alter« der Seele erreicht ist – und damit auch ein Sinn für die Prioritäten des Lebens; die wichtigste davon ist die Sicherheit zu wissen, wohin man gehört. Die erregenden Liebschaften und die Freiheit der Jugendzeit sind bei weitem nicht so reizvoll für den Steinbock wie die Behaglichkeit und Zufriedenheit mit denen, die sich um ihn sorgen. Der Steinbock ist darauf vorbereitet und auch willens, die unter Schwierigkeiten erworbene Weisheit des Saturn anderen zu vermitteln, jedoch nur, wenn er dazu aufgefordert wird. Da der Steinbock weiß, daß es unvernünftig ist, Menschen zu früh zu reifem Verhalten zu zwingen, lächelt er mit der wohlwollenden Nachsicht eines Großvaters (sein tatsächliches Alter spielt hier keine Rolle) über die Possen der im Herzen Junggebliebenen. Im geheimen sehnt sich der Steinbock danach, seine Pflichten abzuschütteln, doch hat er das Wissen erlangt, daß reiner Idealismus unausführbar ist – und spontaner Enthusiasmus niemals die Erfahrungen ersetzen kann. Sich der Gefahren impulsiven Handelns äußerst bewußt, wurde die Seele konservativer – und die Weigerung des Steinbocks, seine Energie zu verschwenden und sich in Sentimentalität zu verlieren, führt dazu, daß diejenigen, die im Feuer- oder Luftelement geboren sind, ihn der Gefühlskälte beschuldigen. Steinböcke respektieren Autorität, weil sie das Gesetz als eine Notwendigkeit für den Schutz der Menschenrechte und der Sicherheit ansehen. Voller Ehrfucht verehren sie die Berühmten und Erfolgreichen, da sie ihr Geburtsherrscher Saturn gelehrt hat, große Leistungen gebührend zu würdigen und sie den Preis dafür genau kennen.

Trotz der, für leichtlebigere Zeitgenossen zu ernsten und unbeugsamen, äußerlichen Erscheinung des Steinbocks, hat das Leben ihn auch die humoristische Seite gelehrt, und seine feinsinnigen Witze sind begleitet von der Ironie des Daseins. Da die Saturn-Pflicht, der Anwalt der Törichten zu sein, schwer auf den Schultern der Steinböcke lastet, versuchen sie manchmal, das volle Maß der seltenen Vergnügen des Lebens auszuschöpfen, und akzeptieren sie ruhig und ohne falsche Bescheidenheit oder unangemessene Hemmung. Nur später, wenn der ernüchternde Einfluß der Reife wiederkehrt, fühlt der Steinbock ein wenig Reue und Melancholie, da er der Versuchung verbotener

Leidenschaften nachgegeben hat. In dieser seelischen Verfassung ergibt sich für den Steinbock beinahe zwangsläufig, die Notwendigkeit pragmatischen Handelns anzuerkennen, wie er es auch selbst zugibt: »Ich benütze«. Doch die Sanftheit des Geistes schwächt die Strenge der äußeren Härte des befehlenden Saturns, da das Bewußtsein des Steinbocks ein Mitgefühl für menschliche Fehler mit sich bringt.

Die positiven Eigenschaften des Steinbocks sind Entschlossenheit, Beständigkeit, Weisheit, Zuverlässigkeit, Sicherheit und Ruhe. In der negativen Form kommen sie zum Ausdruck in Selbstsucht, Engstirnigkeit, Unbarmherzigkeit, Strenge, Snobismus, Depressionen und Einsamkeit.

Für den Steinbock bedeutet Liebe einen stillen und zwanglosen Austausch persönlicher Befriedigung. Der Steinbock hat die wertvolle Lektion gelernt, daß Liebe nicht nach übertriebenen Emotionen gemessen werden kann. Aber da er die Liebe mit gemeinsamen Wünschen und Bedürfnissen gleichstellt, hat er noch nicht die Erlösung von seinen inneren Sehnsüchten erfahren.

Das Liebesgeheimnis des Wassermanns

Der Wassermann schüttet sein Wissen aus, entschlossen und besorgt, es zu teilen, bevor er diesen Planeten verläßt.

Ein Rätsel für Freunde und Familie, tollt der Wassermann mit den im Herzen Junggebliebenen umher – was verwundert, da seine Weisheit und Erfahrung im direkten Kontrast zu diesem ungezwungenen, exzentrischen Verhalten stehen. So viele Geheimnisse wurden in der Vergangenheit übersehen, weil es keine Zeit gab, sie zu untersuchen. Nun muß der Wassermann sie alle kennenlernen – muß alle Nuancen des Auf und Ab, des Rechts und Links, des Wollens und Nichtwollens erforschen. Er erfreut sich daran, andere zu schockieren, da er sich einer Fähigkeit bewußt ist, die ihm auf unerklärliche Art erlaubt, einen Blick in die Zukunft zu werfen. Überraschend intuitiv und strotzend von unerwarteten Blitzen telepathischer Bilder, prüft die Wassermann-Seele Menschen und Ideen ohne Gefühlsregung und entdeckt die Wahrheit ohne erkennbare Logik oder spürbare Mühe.

Die Wassermann-Seele neigt dazu, Gesetz und Autorität an den Pranger zu stellen, da er im Geiste schon in der Zukunft lebt. Der Wassermann weiß, daß die strengen Gesetze der heutigen Gesellschaft früher oder später liberaler gestaltet werden müssen. Daher sieht er keinen vernünftigen Grund, etwas zu respektieren, was sicher schon morgen in etwas Neues, ganz anderes führen wird. Sollte eine blutige Revolte notwendig sein, um Toleranz, Brüderlichkeit und Verständnis hervorzubringen, so glaubt der Wassermann, daß der Zweck in diesem Fall die Mittel heiligt. Obwohl er Veränderungen der Welt (und seiner Freunde und Familie) befürwortet, beharrt er auf seinen eigenen persönlichen Meinungen, seinem Wertesystem und seinem Lebensstil und spiegelt hiermit die widersprüchliche Natur des herrschenden Planeten Uranus wider.

Für den unvoreingenommenen Wassermann ist jeder Mensch ein Freund. Doch werden vielleicht persönliche Beziehungen vernachlässigt, da er einem Idealismus folgt, der auf den Nutzen der Gesellschaft im allgemeinen bezogen ist. Wie das Wassermann-Zeitalter, das sie reflektiert, hat diese Seele eine goldene und glorreiche Zukunft im Auge, die vielleicht nur erreicht werden kann, indem man alte Gepflogenheiten und altmodische Ideen über Bord wirft. Sollten konservativere Menschen sich von dem Uranus-Verhalten verletzt fühlen, so lacht der Wassermann-Individualist nur über diese Mißbilligung. Intuitiv die Zukunft vorausahnend, erwidert der Wassermann auf alle Fragen: »Ich weiß«, und weigert sich störrisch zu erklären, *wie* er weiß. Nur Kindern gegenüber verhält er sich anders, da diese in ihrer eigenen Unschuld jenes Stadium der unschuldigen Unkompliziertheit verstehen, die die Seele unter dem Einfluß des Uranus auszeichnet.

Die positiven Eigenschaften des Wassermanns sind Weitsicht, Individualität, Toleranz, Freundlichkeit, Erfindungsgabe, Originalität und Genius. In der negativen Form kommt dies zum Ausdruck in Exzentrik, Neurosen, Absonderung, Geistesabwesenheit und in der Weigerung zur Zusammenarbeit. Für den Wassermann bedeutet Liebe eine besondere und selbstlose

Emotion, die erforscht und genossen werden muß. Der Wassermann versteht den Umfang der Liebe und prüft all ihre Dimensionen, doch zerstreut er sie auch sorglos, da er sie mit Freundschaft verwechselt. Die körperliche Erfüllung läßt ihn gefühlsmäßig leer und immer noch sehnsuchtsvoll, da er den Zauber der Einheit mit dem Partner nicht spüren kann – die endgültige Wahrheit der Liebe, die ruhig auf ihre Entdeckung wartet.

Das Liebesgeheimnis der Fische

Mit der geheimnisvollen Weisheit des die Fische beherrschenden Planeten Neptun wissen diese, daß Traurigkeit und Häßlichkeit nicht Teile von Gottes Plan sind. Sie haben einen Blick auf die Schönheit der Wahrheit erhascht, und die Brillanz dieser mystischen Vision löst in ihnen den Drang aus, sich den negativen Erfahrungen auf dieser Welt zu entziehen. Die Fische vermeiden also oft Konfrontationen und Spannungen durch den Fluchtweg der Drogen, durch Alkohol, Tagträume, künstlerische Kreation, philosophisches Theoretisieren, Meditation oder religiöse Zurückgezogenheit. Fische werden vielleicht Lehrer, Mönche, Nonnen, Mystiker, Künstler, Musiker, abstrakte Mathematiker und intuitive Wissenschaftler – oder vielleicht ziehen sie es auch vor, in den trüben Wassern des Alkoholismus oder der Drogenabhängigkeit zu schwimmen, wenn nicht sogar im Wahnsinn. Es ist in der Tat ein schwieriges und kompliziertes Stadium für die Seele, da die Sonnenzeichen-Erfahrung für den Fische-Mann oder die Fische-Frau mit Versuchungen beladen ist.

Da sie im Unterbewußtsein »alles schon einmal mitgemacht« haben, bringen die Fische ein natürliches Mitgefühl für die Schwierigkeiten ihrer Mitmenschen auf. Die Neptun-Seele ist mit den Wechselhaftigkeiten des Lebens vertraut, versteht die Schwächen der menschlichen Natur und neigt daher eher zu Mitleid, als die Fehler der Menschen zu verdammen. Und daher wenden sich andere sehr oft mit ihren Geheimnissen, Befürchtungen und Sorgen an diese »alten Seelen«. Doch ist deren erster Instinkt, sich von den heiklen Verwicklungen jeder Art fernzuhalten. Nur wenn die Fische den Mut finden, ihren eigenen Problemen mit der gleichen spirituellen Weisheit gegenüberzutreten, die sie anderen anbieten, können die Neptun-Geheimnisse ergründet werden. Diese Seelen sind vergebender, zärtlicher; denn die Fische versichern: »Ich glaube«. Um den vollen Glanz und die Wahrheit der Liebe zu erkennen, können die Fische, wenn sie wollen, auf die Unschuld des Widders, die Geduld des Stiers, das Bewußtsein des Zwillings, das Wahrnehmungsvermögen des Krebses, die Vornehmheit des Löwen, das Unterscheidungsvermögen der Jungfrau, die Urteilskraft der Waage, den Scharfsinn des Skorpions, die Ehrlichkeit des Schützen, die Weisheit des Steinbocks – und die Menschlichkeit des Wassermanns zurückgreifen. Doch manchmal führen diese vielen Fragmente geheimen Wissens nur dazu, die Fische noch mehr zu verwirren, und verleiten sie, den leichteren Pfad passiven Zurückweichens zu nehmen.

Die positiven Eigenschaften der Fische sind Bescheidenheit, Mitgefühl, Empfindsamkeit, geistige Wachsamkeit, psychisches Verständnis, philosophischer Einblick und heilende Kraft. In negativer Form kommen sie zum Ausdruck in Schüchternheit, Besorgnis, Masochismus, Trägheit, Lüge und Willensschwäche.

Für die Fische bedeutet Liebe selbstlose Unterwerfung des Ichs unter das Verlangen, eins zu werden. Die Fische erhalten mehr Vergnügen durch das Geben als durch Nehmen, mehr Glück durch Dienen als darin, bedient zu werden. Doch der rätselhafte Neptun stellt die Fische mit dem Zauber vielfältiger sexueller und romantischer Erfahrungen auf die Probe – und treibt sie von einer Affäre in die andere. Durch Promiskuität oder das Gegenteil, den Rückzug in ein Einsiedlerdasein – flüchten die umsichtigen Fische vor der Gefahr, sich im Netz tiefer emotionaler Bindungen zu verfangen.

Doch der Fische-Mensch, der dieser Versuchung widersteht, die Schmerzen der Liebe zu vermeiden – indem er nur deren Vergnügen sucht – wird von dem endgültigen Geheimnis der Liebe reichlich belohnt. Dann erblickt er vielleicht die wahre Leidenschaft einer Verbindung von Verstand, Herz und Geist, die zu einer seltenen physischen Ekstase führt.

Ihr Sonnenzeichen

Der Ausdruck »Sonnenzeichen« bedeutet, daß – wenn Sie zum Beispiel ein Zwilling sind – die Sonne bei Ihrer Geburt ihren mächtigen Einfluß im Felde des Tierkreises Zwillinge (nicht im astronomischen Sternzeichen) ausübte – in diesem Fall also vom 21. Mai bis einschließlich 21. Juni (während der letzten Jahrzehnte in den USA; in Europa bis einschließlich 20. Juni). Sie werden merken, daß die Daten der zwölf Sonnenzeichen-Perioden mit den Astrologie-Büchern, die Sie lesen, variieren; dies kann für den Laien verwirrend sein. Der Grund für diese Abweichungen liegt darin, daß die meisten Astrologen Sie nicht mit der Information belästigen wollen, daß die Sonne im Lauf eines bestimmten Tages (am Morgen, Nachmittag oder Abend) das Zeichen wechselt.

Daher »berauben« sie das darauffolgende Sonnenzeichen um diesen Wechseltag und geben ihn dem anderen – damit es sich ausgleicht. Dies vergrößert jedoch nur die Verwirrung. Es ist sehr einfach, so zu tun, als ob jede Sonnenzeichen-Periode genau um Mitternacht beginnt. Doch das stimmt nicht.

Die Sonne *verläßt* zum Beispiel, außer bei Schaltjahren, (während der letzten Jahrzehnte und auch gegenwärtig) das Zeichen Widder irgendwann am 20. April und *tritt* in das Zeichen Stier *ein* (am 21. April in Europa). Es ist wichtig zu wissen, daß der 20. April *beide* Zeichen enthält. Sonst könnten Sie vielleicht Ihr ganzes Leben lang glauben, Sie wären ein Stier, obwohl Sie in Wirklichkeit ein Widder sind.

Man darf also nicht vergessen, daß man die genaue Zeit und die Längen- und Breitengrade der Geburt kennen muß, wenn man am *ersten* oder am *letzten* Tag einer Sonnenzeichen-Periode geboren wurde, um urteilen zu können, ob die Sonne zu dieser Stunde am Geburtsort schon das »Zeichen gewechselt« hat. Der Ausdruck »Mondzeichen« bezieht sich auf das Feld des Tierkreises (nicht auf das astronomische Sternzeichen), durch den der Mond zur Geburtszeit »zog« und seinen Einfluß ausübte. Der Ausdruck »Aszendent« (gelegentlich auch »aufgehende Sonne« genannt) beinhaltet das Tierkreiszeichen, das am Osthorizont im Augenblick der Geburt »aufging«. Der Aszendent variiert mit dem Geburtsort (er hängt von der geographischen Lage, ausgedrückt in Längen- und Breitengraden, ab).

Eine Bemerkung zu den »Grenz-Geburtstagen«: Sehr oft sagen (und glauben) Menschen, die an einem dieser »Grenztage« (der Tag, an dem die Sonne in ein anderes Zeichen übergeht) geboren wurden, daß ihre Persönlichkeit scheinbar die Eigenschaften *beider* Sonnenzeichen enthalten. Und sie stellen sich vor, daß dies durch diese »Grenz-Geburtstage« hervorgerufen wird. Manche Astrologen sagen, daß ein »Grenz-Geburtstag« verursacht, daß der Mensch die Charakterzüge beider Zeichen zeige. Meine umfassenden und abwechslungsreichen Erfahrung als Astrologin haben mich überzeugt, daß dies einfach nicht der Wahrheit entspricht. In jedem einzelnen Augenblick, in dem ein Mensch glaubt, er verhalte sich in einer Weise, die einer Verbindung von zwei aufeinanderfolgenden Sonnenzeichen entspricht – verhält er sich, ohne Ausnahme, eben in dieser Weise, weil der *Mond* oder *Aszendent* dieses Menschen im »zweiten« Sonnenzeichen steht.

Ein einziges Sonnenzeichen gilt für Sie. Ihre Persönlichkeit kann und wird nicht an zwei Sonnenzeichen teilhaben, weil Sie an einem »Grenztag« geboren sind. Es ist wahr, daß jedes der drei »Dekanate« eines jeden Sonnenzeichens (jedes astrologische Zeichen umfaßt 30 Grad – jedes »Dekanat« zehn Grad) seine eigene Variation der einzelnen Sonnenzeichen-Eigenschaften verleiht. Doch das ist ein vollkommen anderes Thema. Wenn man ein Steinbock ist, so ist man ein Steinbock. Man ist nicht »zum Teil« ein Wassermann, weil man an einem »Grenztag« geboren wurde. Wenn man sich gelegentlich wie ein Wassermann verhält, so kann man sicher sein, daß der *Mond* oder *Aszendent* zur Geburtszeit im Zeichen Wassermann stand.

Besser: »Wenn sich die Sonne im Zeichen Steinbock befindet, so wirkt sie eben nur in der Art der Eigenschaften des Steinbocks.« Zu diesem äußerst genau bestimmten kosmischen Zeitpunkt (der auf der Erde vielleicht nur Minuten ausmacht, bei gegenwärtigen astronomisch-mathematischen Verhältnissen) – in dem Moment also, wenn die Sonne in das Zeichen Wassermann »eintritt«, übt sie ihren mächtigen Einfluß durch den Wassermann aus und nicht mehr durch das Steinbockzeichen. Die Sonne kann nicht gleichzeitig die Charaktereigenschaften von Steinbock und Wassermann bewirken. Es ist kosmisch und astrologisch unmöglich. Die Vereinfachung der Astrologen, die auf den kombinierten Eigenschaften der »Grenztage« bestehen, kann in Verbindung mit den Sonnenzeichen nicht angewandt werden. In Verbindung mit anderen astrologischen Kräften (eingeschlossen der gegenwärtige »Planeten-Einfluß« des Wassermann-Zeitalters) sowie mit den Aspekten und so weiter – kann man es anwenden. Aber nicht im Fall der Sonnenzeichen.

Sonnenzeichen - Geburtsperioden

Widder	21. März bis 20. April
Stier	21. April bis 20. Mai
Zwillinge	21. Mai bis 20. Juni
Krebs	21. Juni bis 20. Juli
Löwe	21. Juli bis 21. August
Jungfrau	22. August bis 22. September
Waage	23. September bis 22. Oktober
Skorpion	23. Oktober bis 22. November
Schütze	23. November bis 20. Dezember
Steinbock	21. Dezember bis 19. Januar
Wassermann	20. Januar bis 18. Februar
Fische	19. Februar bis 20. März

Geburtsherrscher

Widder	Mars
Stier	Venus
Zwillinge	Merkur
Krebs	Mond
Löwe	Sonne
Jungfrau	Merkur
Waage	Venus
Skorpion	Pluto
Schütze	Jupiter
Steinbock	Saturn
Wassermann	Uranus
Fische	Neptun

Die Steinbock-Steinbock Beziehung

Wenn sich zwei Steinböcke irgendwo begegnen, dann kommunizieren sie miteinander ähnlich wie Ameisen, eilen in perfekter Übereinstimmung und Harmonie weiter. Was immer sie in Angriff nehmen, machen sie hundertprozentig. Selbst wenn sie miteinander reden, setzen sie alles daran, Dinge von Bedeutung zu sagen, Dinge, die einen *Sinn* haben, statt nur alberne Oberflächlichkeiten von sich zu geben – was sie eigentlich so gut wie nie tun.

Die Astrologie liefert sehr treffende Charakterbeschreibungen, besonders aber dann, wenn es sich um Steinböcke handelt. Andere Sonnenzeichen können aufgrund von starken Planetenpositionen in ihren Geburtshoroskopen hie und da von den für ihr Sonnenzeichen typischen Eigenschaften abweichen, Steinböcke jedoch unterscheiden sich trotz anderer planetarer Einflüsse kaum von ihrem grundlegenden Sonnenzeichen-Charakter. Da sie in einem Erdzeichen geboren sind, sind sie äußerst zuverlässig, und ihr Verhalten kann mit fast hundertprozentiger Sicherheit vorausgesagt werden. Sie können unverschämt sein oder freundlich – man kann immer voraussagen, was sie tun und wie sie reagieren werden.

Es ist verständlich, warum sich Steinböcke immer wieder zusammenfinden. Sie wissen, daß sie einander vertrauen können.Sagte ich zusammenfinden? Ich möchte diesen Ausdruck zurücknehmen. Die meisten Steinböcke sind Einzelgänger – oder sie haben einen guten Kumpel, mit dem sie ihr Leben lang dick befreundet sind. Bei der Wahl seines Umgangs wird sich ein Steinbock stets zuerst bei den Vertretern seines eigenen Zeichens umsehen. Die zweite Präferenz liegt bei den anderen Erdzeichen, gefolgt von den Wasserzeichen. Alle Steinböcke sind jedoch äußerst mißtrauisch, was den Kontakt mit Feuer- und Luftzeichen angeht. Das ist wohl eines ihrer wenigen Fehlurteile, denn es ist oft gerade die Polarität der verschiedenen Charaktere, die das Leben so pikant macht.

Fast jeder Steinbock hat einen ausgeprägten Familiensinn. Gelegentlich kann es jedoch passieren, daß einer der familienorientierten Steinböcke eine Verbindung oder Partnerschaft mit jenem seltenen Steinbock-Typ eingeht, der aus tragischen Gründen die Nabelschnur zu seiner Familie durchgeschnitten hat. Der typische Steinbock wird tiefes Mitgefühl für den anderen aufbringen und niemals die Geschmacklosigkeit begehen, ihm diese Tatsache vorzuwerfen und ihn dadurch zu verletzen. Im Gegenteil, er wird große Anteilnahme empfinden.

Von Jugend auf bis zu jenem Zeitpunkt, an dem bei ihnen jener Prozeß einsetzt, der sie mit zunehmendem Alter lebenslustig werden läßt, sind Steinböcke eingefleischte Realisten. Sie sehen den Tatsachen geradewegs ins Auge, ohne mit der Wimper zu zucken. Wenn das Schicksal ihnen einen harten Schlag versetzt, dann weinen oder klagen sie nicht und versuchen auch nicht, die Schuld einem anderen zuzuschieben. Sie zeigen keine Wirkung und suchen nach einer Lösung, wie sie einem Mißerfolg zumindest den Anschein von einem Erfolg geben können. Manche kommen auf die abwegigsten Gedanken, wenn sie aus den Wrackteilen ihres Schiffsbruchs ein fahrtüchtiges Etwas zurechtzuzimmern versuchen. Der Bemerkung, daß sie die Schuld nie einem anderen zuschieben, sollte man hinzufügen, daß sie ebensowenig bereit sind, die Last der Schuld auf ihre Schultern zu nehmen. Sie begehen nämlich nie Fehler. Und wenn, dann sind sie nicht besonders erpicht darauf, diese seltenen Ausrutscher einzugestehen. Steinböcke sind der Meinung, daß die beste Methode, eine begangene Dummheit zu bewältigen, darin besteht, sich vorzunehmen, daß dies nie wieder vorkommen darf, und um Himmels willen nichts zu tun, was die Aufmerksamkeit auf den peinlichen Vorfall lenken könnte.

Die Vertreter dieses Zeichens sind praktisch veranlagt. Sie

sind scharfsinnig und wissen das Ausmaß ihrer Schwierigkeiten genau einzuschätzen, wie immer diese geartet sein mögen.

Im Gegensatz zum Stier, der sich von keinem noch so großen Hindernis beeindrucken läßt und starrköpfig bleibt, wenn ihm eine Situation aus der Hand zu gleiten droht, ist der Steinbock klug und verständig genug zu erkennen, daß der Rückzug die einzige Lösung ist, um der totalen Katastrophe zu entgehen. Und wenn es etwas gibt, das die Steinböcke um jeden Preis verhindern wollen, dann ist es die totale Katastrophe.

Deshalb sind zwei Steinböcke, die sich zusammentun, in der Lage, aus vielen winzigen Möglichkeiten gigantische Erfolge zu zaubern. Sie stapfen Seite an Seite einher und spekulieren mit so wenig Zeitaufwand wie möglich, drehen die Dinge in die richtige Perspektive und halten sich strikt an Prioritäten. Nach einer angemessenen Zeitdauer erreichen sie ihr gemeinsames Ziel – und teilen sich das Verdienst. Sie haben gemeinsam darauf hingearbeitet, gemeinsam gewartet und gemeinsam das Endziel erreicht. Man kann einen Steinbock-Team-Erfolg einfach nicht übelnehmen oder ihnen die erworbene Sicherheit mißgönnen, weil sie wirklich ihren Tribut dafür bezahlt haben, um dorthin zu gelangen (doch keinen Pfennig mehr!). Steinböcke sind nicht wirklich knauserig, sie sind sogar ausgesprochen großzügig gegenüber ihren wahren Freunden und ihrer Familie – und nur ein wenig zurückhaltend, wenn es um andere Personen geht.

Die Beziehung zweier Steinböcke baut sich jedoch nicht allein auf Ernsthaftigkeit und Opferbereitschaft auf. Sie genießen das Leben sogar mehr, als wir anderen es uns vorstellen können. Denn Steinböcke finden große Freude und Erfüllung in Natur, Kunst, Musik und der Kultivierung ihres Geistes. Sie können Glück und Anregung bei allem finden, was sinnvoll ist, und das schließt viele Dinge ein. Es würde zwei Steinböcken absolut nichts ausmachen, im Winter eingeschneit zu werden, denn es gibt buchstäblich tausenderlei Dinge, mit denen sie sich beschäftigen können.

Steinböcke sind noch zuverlässigere Geheimnisträger als Krebse und Skorpione, und das größte Geheimnis, das sie verwahren (vor jedem außer sich selbst), sind ihre Gefühle, die tief unter Saturns strenger Zurückhaltung und Selbstkontrolle vergraben und um so intensiver sind, je mehr sie unterdrückt werden.

Der Steinbock tut nie etwas Überstürztes und vermeidet instinktiv jede voreilige Handlung. Auch der Sinn für Humor und für zeitliche Koordinierung sind beim Steinbock stark ausgeprägt. Wenn Sie es mit einem Steinbock zu tun haben, dann ist es nicht falsch, sich jenen Sinn für Humor noch einmal vor Augen zu führen.

Wenn zwei Steinböcke ausgelassen sind (und es kommt tatsächlich vor, daß sie es sind), dann kann das für beide sehr wohltuend sein. Sogar als Kinder kommen sie gewöhnlich gut miteinander aus, stecken sich gegenseitig Pfennige in ihre Sparschweine und verbringen im großen und ganzen eine recht vergnügliche Zeit miteinander. Wenn sie erwachsen sind, können schon eher Meinungsverschiedenheiten vorkommen, und da der Steinbock ein Kardinalzeichen mit Führungsanspruch ist, kann es von Zeit zu Zeit ein heftiges Tauziehen darum geben, wer nun wirklich in ihrer Partnerschaft das Sagen hat; jedenfalls aber gehen sie sich gegenseitig weniger auf die Nerven, als es bei anderen 1:1-Sonnenzeichen-Verbindungen der Fall ist. Untereinander sind sie mit Sicherheit gelöster und weniger schüchtern als im Umgang mit Vertretern anderer Sonnenzeichen.

Steinbock-Frau – Steinbock-Mann

Wenn ein Steinbock ein Geschenk erhält, dann freut er sich zwar im Inneren, nimmt es aber nur mit merklichem Mißtrauen an und untersucht es vorsichtig, selbst wenn es sich um das Geschenk einer Liebe handelt. Und wenn der Steinbock-Mann die Liebe von der Steinbock-Frau ein wenig mißtrauisch entgegennimmt und mit größter Vorsicht untersucht, bevor er ihre Zuneigung billigt, ihr dann als Gegengabe seine Zuneigung offenbart, so hat sie wirklich keinen Anlaß, darüber aufgebracht zu sein. Genauso geht sie mit seiner Liebe zu ihr um. Die Frage ist nur, wer von beiden als erster kapituliert und als erster dem anderen sein Herz schenkt. Wer auch immer in dieser 1:1-Kombination den ersten Schritt unternimmt, er muß sich in das Schicksal finden, daß seine Gabe nur mit größter Skepsis entgegengenommen wird.

Steinböcke verlieben sich selten auf den ersten Blick, über Nacht – oder selbst innerhalb von wenigen Tagen, Wochen oder Monaten. Es kann natürlich schon einmal passieren, aber schließlich kann alles passieren, wenn die menschliche Natur dem Zauber der Liebe erliegt. Nur bei zwei Steinböcken vergeht gewöhnlich eine beachtliche Zeitspanne, bis sie sich eingestehen, daß sie ihre Herrschaft über sich und ihre Gefühle bis zu jenem Punkt verloren haben, wo sie einander brauchen.

Trotz ihrer Klugheit und vernünftigen Lebensart würden dem Steinbock-Mann und der Steinbock-Frau ein paar Nachhilfestunden auf dem Gebiet der menschlichen Gefühle nicht schaden. Sie müssen lernen, die wichtige Rolle zu erkennen, die das Verb »brauchen« in der echten Liebe spielt.

Ihr Steinböcke dürft nie vergessen, daß, damit ihr lieben könnt, der, den ihr liebt, in gewisser Weise eine Art von Schwäche haben muß, die nur durch eure Stärke gestützt und von eurem Mitgefühl eingeschätzt werden kann – kurz gesagt, der andere euch brauchen muß. Und um geliebt zu werden, müßt ihr selbst auf eine bestimmte Weise verletzlich sein, eine Schwäche besitzen, die nur die Stärke dessen, der euch liebt, stützen und über die sein Mitgefühl nur hinwegsehen kann – und der euch also trotzdem liebt. Kurz gesagt, ihr müßt diese Person brauchen, ebenso wie diese Person euch brauchen muß.

Sobald Steinbock-Mann und Steinbock-Frau begriffen haben, daß gegenseitiges Brauchen statthaft, ja sogar dringend notwendig ist, sind sie bereit und gewillt, das gemeinsame Geständnis abzulegen, daß sie sich verliebt haben. Das nächste Hindernis ist die verzwickte Situation, die entsteht, wenn ihre beiden Familien nicht miteinander auskommen – eine wahrlich harte Nuß. Deshalb empfiehlt es sich für männliche wie weibliche Steinböcke, dafür zu sorgen, daß zwischen ihren Familien bestes Einvernehmen besteht, bevor ihre Beziehung ernstere Formen annimmt – vorausgesetzt, sie wollen, daß ihre Beziehung dauerhaft und sorgenfrei bleibt.

Nur selten empfindet ein verliebtes Steinbock-Paar seine

Diskussionen über Geld als einen störenden Faktor in ihrer Partnerschaft. Wenn sie typische Steinböcke sind, dann kann der einzige Streitpunkt in puncto Geld die Frage sein, welches die solideste Bank ist, bei der sie es auf die hohe Kante legen, und welcher Zinssatz auf die Dauer am günstigsten ist.

Der Grund, warum sich die typische Steinbock-Frau so phantastisch mit ihrem Steinbock-Mann versteht, ist nicht nur darin zu sehen, daß er genauso ehrgeizig ist wie sie, sondern daß er das einzige männliche Wesen ist, das ihre zur Schau gestellte Robustheit akzeptiert, aber gleichzeitig ihre versteckte Sanftheit erkennt und sie als Frau schätzt.

Der männliche Steinbock nun könnte ihrem Herzen einen Streich spielen, wenn sie nicht aufpaßt. Der typische Steinbock hat seine Gefühle so gut im Griff, besitzt ein derart gut entwickeltes Gespür für den richtigen Zeitpunkt, ist so geduldig und bereit, auf den geeigneten Augenblick zu warten, daß sie ihm gestattet, ein fester Bestandteil ihres Lebens zu werden, und glaubt, sie seien nur gute Freunde – bis sie plötzlich merkt, daß er sehr viel mehr für sie bedeutet als irgendein anderer Steinbock-Freund, mit dem sie über ihre »praktischen« Träume diskutieren kann. Doch Träume sind Träume, praktisch angehaucht oder nicht, und haben große Macht über die Gefühle. Und wenn sie jemanden findet, dessen Ziele ebensohoch gesteckt sind wie die ihren, der freundlich lächelt, wenn etwas wirklich lustig ist, statt laut über irgendwelchen Unsinn zu lachen, der sie nie belügt und eine Art besitzt, ihr ruhig in die Augen zu schauen, mit seinen sanften Augen . . . jemanden, der zärtlich sein kann, ohne peinlich gefühlvoll zu werden, der nett zu ihrer Familie ist, sein (und ihr) Auto reparieren kann, wenn es nicht mehr fährt, und der ein ansehnliches Bankkonto für ihre zukünftigen Pläne besitzt . . . eines schönen Tages wird sie ihn als den Mann aus einem ihrer praktischen Träume wiederfinden – dem vielleicht wichtigsten in ihrem Leben.

Der Punkt in ihrer Beziehung, der am wenigsten Konflikte aufwirft, ist der sexuelle Aspekt ihrer Liebe. Er kann sich in einem vulkanischen Ausbruch tiefer Gefühle, einem Ventil all der Emotionen äußern, die beide in anderen Bereichen ihres Lebens – mit anderen Menschen – so perfekt unter Kontrolle haben.

Die freudige Entdeckung, daß sie in der Abgeschiedenheit ihrer sexuellen Beziehung ihren Gefühlen freien Lauf lassen können, ist mit nichts anderem vergleichbar. Seine verborgenen, unterdrückten, aber ständig präsenten Emotionen gemeinsam mit jemandem zu befreien, dem man vertraut und den man kennt, bedeutet Friede und Glück für Seele und Körper.

Nur wenige Steinböcke sind von Natur aus eifersüchtig. Aber sie neigen dazu, nach und nach vom anderen Besitz zu ergreifen, wobei nicht selten die Vorzüge der persönlichen Freiheit aufs Spiel gesetzt werden. Ich verstehe unter persönlicher Freiheit die Einsicht und das Verständnis, die es beiden Partnern ermöglicht, sie selbst zu sein, weil dies der einzige Weg ist, für den anderen interessant und aufregend zu bleiben.

Alle 1:1-Sonnenzeichen-Partnerschaften bestärken sich in ihren positiven und negativen Eigenschaften, und so müssen auch Steinbock-Frau und Steinbock-Mann einsehen, daß zuviel des Guten schlecht sein kann. Das Positive an ihrer Vorsicht kann, sobald sie sich in ihrer Intensität verdoppelt, eine gefährliche Einschränkung bedeuten, die langsam, aber sicher ihre Träume begräbt. Ihre gemeinsame angeborene Reserviertheit Fremden gegenüber könnte bei möglichen Freunden den Eindruck entstehen lassen, sie seien abweisend und spröde. Steinböcke streben auch ständig nach Ruhm, gehen aber von diesem Ziel wieder ab, weil ihnen Ruhm zu vergänglich erscheint.

Es ist zwecklos, den Steinbock-Mann oder die Steinbock-Frau Risikofreudigkeit lehren zu wollen; alles muß für sie abgesichert sein. Man wird kaum einen Steinbock auf Gottes weiter Erde finden, der keine hohe Versicherung abgeschlossen hat auf sein Leben und das seiner Frau und Kinder, auf sein Haus, seine Gesundheit, seine Autos, auf alles, was sonst noch von materiellem Wert ist und gegen Verlust oder Diebstahl versichert werden kann. Es wäre ein vergeblicher Versuch, den beiden mehr Vertrauen in die Zukunft einzuflößen.

Die Steinbock-Wassermann Beziehung

Es ist äußerst schwierig, das Ergebnis einer Verbindung dieser beiden Sonnenzeichen vorauszusagen. In dieser 2:12-Sonnenzeichen-Kombination spürt der Steinbock vage, daß er so manche faszinierende Lektion vom Wassermann lernen könnte, und der Wassermann neigt dazu, den Fehlern und Zwangsvorstellungen des Steinbocks etwas mehr Verständnis entgegenzubringen, als es bei den anderen elf Zeichen der Fall ist.

Trotz gelegentlicher Anlässe, bei denen Steinböcke vergnügliche Stimmung um sich verbreiten können, sind sie im Innersten ihres Wesens ernste Erdenbürger. Ihr trockener Humor, verbunden mit einem Augenzwinkern und einem schüchternen Lächeln, ist stets mit einem Unterton von Ironie durchsetzt. Neben ihren grundsätzlich ernsten Charakteranlagen besitzen Steinböcke einen ausgeprägten Sinn für das Praktische. Obwohl der Wassermann ein festes Zeichen ist und deshalb recht bestimmt und zielbewußt sein kann, sind diese Männer, Frauen und Kinder nicht im entferntesten so ernst wie die Steinböcke. Der Wassermann kennt nämlich kaum ein größeres Vergnügen, als die Gesetztheit anderer Zeichen ins Wanken zu bringen – und ganz besonders die des Steinbocks. Der Wassermann wird den Steinbock unweigerlich schockieren, wenn dieser es am wenigsten erwartet. Wassermänner tun Dinge stets dann, wenn andere es am wenigsten erwarten.

Der Steinbock stellt sich niemals Fragen über Dinge, die keinen unmittelbaren Nutzen für ihn bringen. Sein Hauptinteresse wird stets auf die Gewinn- und Verlustrechnung konzentriert sein. Steinböcke beiderlei Geschlechts brauchen die Sicherheit eines angemessenen Kontostands im Hintergrund, um nicht beim geringsten Anlaß in Panik zu geraten.

In Saturns Augen tut der Wassermann selten etwas Vernünftiges. Für den Wassermann ist eine Sache dann vernünftig, wenn sie zu dem Wissen über unsere Welt beiträgt. Es ist ihm völlig egal, was andere Leute denken. Typische Wassermänner stellen ihre eigenen gesellschaftlichen Spielregeln auf, machen ihre eigenen Gesetze. Diese Nachlässigkeit, ihr sorgloses Beneh men und ein Desinteresse an der öffentlichen Meinung müssen den Steinbock natürlich quälen und aufregen, für den es nichts Wichtigeres im Leben gibt, als von den Nachbarn geschätzt zu werden. Nein, an *erster* Stelle von den Mitgliedern der *eigenen* Familie. Dann erst von den Nachbarn. Danach – von Freunden, Bekannten und Kollegen. Nach genauer Überlegung sollte man die Reihenfolge vielleicht umkehren und die Kollegen an die erste Stelle setzen. Und schließlich – von der ganzen Welt.

Es gibt jedoch einige Punkte, in denen sich die beiden ähneln. Einer davon ist, daß die Urteile, die der Wassermann fällt, auf starren Prinzipien und harten Fakten beruhen (etwas, das die meisten Leute gar nicht wissen). Diese Fakten bestimmen schließlich stets die Entscheidungen der beiden Sonnenzeichen. Doch Uranus verleiht dem Wassermann Intuitionsblitze, die es ihm ermöglichen, hinter wertlosen Prinzipien und Tatsachen eine tiefere Wahrheit zu erkennen. Dennoch basiert sein Urteil auf Prinzipien und harten Tatsachen. Ich weiß, das alles ist ein wenig verwirrend, doch »verwirrend« ist ein Wort, das von Uranus-Menschen geprägt wurde. Der Wassermann denkt und plant so weit und mit solch einer verrückten Mischung von Praktizierbarkeit und Vision voraus, daß sich seine Ideen und Ideale erst nach vielen Jahren als gut und richtig erweisen – und deshalb erscheint er dem Durchschnittsmenschen, ganz besonders dem nüchternen Steinbock, als verträumt und versponnen.

Es fällt dem Steinbock meist recht schwer, an das Unlogische, das Unvernünftige oder das nicht auf Tatsachen Beruhende zu glauben. Für den Wassermann gibt es kein solches Wort wie »unmöglich«. Alle Wassermänner besitzen eine höchst eigenwillige, wißbegierige Natur. Sie sind außergewöhnlich empfänglich für Inspirationen, haben wenige oder gar keine Vorurteile – und diese Feststellung schließt ein Vorurteil gegen Fakten aus. Der Wassermann hat nichts gegen eine Theorie, die durch Fakten belegt ist – ebensowenig wie er etwas gegen eine Theorie hat, die nicht durch Fakten belegt ist.

Solange der Steinbock versucht, seine ehrgeizigen Ziele zu erreichen, wird er jegliche Art von Unsinn und einen leichtsinnigen Lebenswandel mit Argwohn betrachten. Der Wassermann, der die einfache, glückliche Begabung hat, faszinierende Träume zu entwerfen, der von dem großartigen Wahn des Genies berührt ist, der Wörter so aneinanderreiht, daß sie (scheinbar) keinen Sinn ergeben, muß dem erdgebundenen Steinbock, der glaubt, die Arbeit sei es, die alle Wunschträume erfüllt, in der Tat höchst merkwürdig erscheinen.

Nachdem sich der Wassermann einen Weg zu neuen Entdekkungen und Erfindungen gebahnt hat, kommt der Steinbock, um die Wunder zu hüten – und sie so praktisch anwendbar zu machen, daß sie der Menschheit vielleicht einmal von Nutzen sein können. Einer der Reibungspunkte in ihrer Beziehung ist, daß Steinböcke nichts akzeptieren, was sie nicht vorher einer strengen Überprüfung, oft verbunden mit negativer Kritik, unterzogen haben. Keine Täuschung oder Unlogik kann sie dazu veranlassen, an das Unglaubliche zu glauben, wohingegen der Wassermann alles von zwei Seiten betrachtet – vom Standpunkt wissenschaftlicher Analyse und dem Standpunkt seiner Intuition aus. Der typische Wassermann ist sich nicht sicher, ob die Idee, die der Steinbock zu ersticken trachtet, eine falsche ist, und selbst wenn es so wäre, so glaubt der Uranus-Regierte, daß das Ersticken an sich schon ein Vergehen ist.

Steinbock-Frau – Wassermann-Mann

Sie befinden sich gerade in einem herrlichen Park und lauschen einem Freiluftkonzert. Oder vielmehr, *er* lauscht den Klängen des Orchesters – und sie skizziert die Szene in Pastell-Farben.

Klingt das nicht vielleicht romantisch, wunderbar, schön und harmonisch? Das wäre es auch, gäbe es da nicht einen kleinen Haken. Es gibt nämlich gar kein Orchester. Dieses Konzert – es existiert nur in seinen Ohren. Und wenn er deshalb anfängt, im Takt zu den Schlaginstrumenten in die Hände zu klatschen, seinen Kopf zu den Gitarrenklängen hin- und herzuwiegen und die Melodie laut vor sich hin zu summen, und all das gleichzeitig, dann wird er in ihren Augen ein wenig – nun, ein wenig übergeschnappt erscheinen.

Die Fremdartigkeit des Wassermann-Mannes kann gigantische Formen annehmen und das ganz besonders aus dem Blickwinkel der ruhigen, gesetzten Steinbock-Frau. Aber nehmen wir einmal an, er besitzt andere solide Tugenden, dann könnte sie sogar weich werden und so tun, als höre sie die Gitarren – mit ihm singen und sich seiner heiteren Stimmung vorübergehend anpassen. Zumindest bis sie eine Gelegenheit findet, ihn zu ändern, und freundlich hervorhebt, daß *sie* zwar Verständnis für seine Verschrobenheit hat, doch das, was zählt, ja die Meinung der *anderen* Leute sei. Man muß ja schließlich sein Image vor Fremden wahren, und jeder weiß, wie wichtig es ist, respektiert zu werden.

Sie irrt. Sie irrt ganz gewaltig. Dieser Mann macht sich keinen Pfifferling daraus, respektiert zu werden. Nicht daß er etwas dagegen hätte, nein, aber er mißt ihm absolut keine Bedeutung bei. Der Wassermann ist ein ausgeprägter Individualist mit einigen wirklich ausgefallenen Ansichten und Ideen. Die Steinbock-Frau kann ebenfalls eine ausgeprägte Individualistin mit einigen wirklich ausgefallenen Ansichten und Ideen sein. Da sie beide ihre kleinen Eigenarten haben, können sie die des anderen mitfühlend betrachten. Die Art, wie sie mit ihnen umgehen, führt zu Spannungen.

Ihre Welt ist, ungleich seiner, nicht erfunden. Sie ist ein realistischer, konkreter Ort, manchmal verfeinert durch Kunst (viele Steinböcke haben künstlerische Neigungen). Steinbock-Sehnsüchte übersteigen niemals das Maß dessen, was möglich ist. Die Welt des Wassermanns kann beides sein – realistisch und erfunden, ein Ort, wo Ungewöhnliches passieren kann.

Dieser Mann hat sehr viele Freunde aus allen Gesellschaftsschichten; manche davon sind wirklich komische Käuze. Ihr wird nichts anderes übrigbleiben, als seine Freunde zu mögen. Das ist ein *Muß* für eine Frau, die einen Wassermann liebt.

Da Steinbock-Mädchen in der Regel ruhige, bescheidene Ehefrauen abgeben, die nicht sonderlich neugierig oder anspruchsvoll sind, ist es verständlich, warum der Uranus-Mann sich so zu dieser Frau hingezogen fühlt. Andererseits ist sie auch nicht so bescheiden und anspruchslos, daß er vergessen könnte, daß es sie gibt. Glauben Sie mir, es hat schon Fälle gegeben, wo Wassermännern das passiert ist. Sie hatten ihre Frau ganz einfach vergessen, und man mußte sie von Zeit zu Zeit daran erinnern, *daß* sie eine hatten. Die Ursache ist gewöhnlich nicht Untreue, sondern nur die Verwunderung darüber, daß er in einem schwachen Moment ein Eheversprechen gegeben hat.

Dieser Mann hat es nämlich nicht mit Versprechungen. Das hängt mit der seltsamen Uranus-Rechtschaffenheit zusammen. Er glaubt, daß es falsch und lächerlich ist, etwas zu sagen, von dem man gar nicht sicher sein kann, daß es eine Woche, einen Monat oder ein Jahr später noch vertretbar ist. Niemand weiß mit Sicherheit, daß er seine Meinung nicht ändern wird (schon gar nicht Wassermänner, die ihre *ständig* ändern). Warum also andere irreführen? Wer weiß schon, was ein Mensch morgen denkt über das, was er gestern noch gesagt hat? Ein Wassermann nicht, das ist klar. Das soll nicht bedeuten, daß es keine Wassermänner gibt, die ihr Ehegelübde halten und ein Leben lang bei einer Frau bleiben. Es gibt sie. Es ist selten »eine andere Frau«, die die Gattin eines Wassermanns zu befürchten hat. Auf jeden Fall nicht in dem gebräuchlichen Sinn des Wortes. Frauen interessieren diesen Mann aus einem für ihn sehr einleuchtenden Grund. Sie machen etwa die Hälfte des Menschengeschlechts aus – und Wassermänner beschäftigen sich sehr intensiv mit den diversen Problemen des Menschengeschlechts. Die Tatsache, daß Frauen Mitglieder des anderen Geschlechts sind, mit einer magnetischen Anziehungskraft auf den Mann, könnte anfangs seiner Aufmerksamkeit entgehen. Nicht daß er sich der Sexualität als solcher überhaupt nicht bewußt ist, sie spielt für ihn eben nur eine zweitrangige Rolle – zweitrangig verglichen mit seinen Phantasieflügen.

Oft erweckt ein männlicher Wassermann unbegründete Eifersucht in dieser Frau – selbst wenn sie normalerweise kühl und gelassen ist. Da er sich intellektuell auf den ersten Blick von einem Fremden angezogen fühlen kann, behandelt er diesen Fremden oft wie einen sehr guten Freund. Wenn der Fremde weiblichen Geschlechts ist, dann könnte seine Steinbock-Frau auf den Gedanken kommen, daß etwas dahinter steckt. Sie muß sich jedoch stets vor Augen halten, daß dieser Mann Liebe von sexueller Leidenschaft scharf zu trennen pflegt; und er kann deshalb seine Freunde »lieben«, während er sexuelle Befriedigung allein bei ihr sucht. Eigentlich ist die Steinbock-Frau von fast allen Sonnenzeichen am besten dazu in der Lage, diesen Mann zu verstehen. Und trotzdem kann es so schwer sein. Sie darf eben nicht vergessen, daß, wenn er sich ihr auf physischer Ebene einmal ganz hingegeben hat, er keinen Grund sieht, warum er nicht weiterhin intellektuelle Freundschaftsbeziehungen mit anderen Frauen pflegen soll.

Seine Einstellung zur Sexualität schwankt zwischen brennender Neugier und distanzierter Billigung. Die ihre schwankt zwischen dem Gefühl, daß es sich um eine Liebespflicht handelt, die von einem erwartet wird und der man deshalb nachkommt – und einem tief empfundenen Genuß ihrer Vertrautheit ohne falschen Stolz oder Vorspiegelung falscher Tatsachen. Keiner von ihnen wird den Sex über- oder unterbewerten. Beide neigen dazu, ihn für das zu nehmen, was er ist, nicht mehr und nicht weniger – und sind in der Lage, ihn ohne übermäßige Leidenschaft oder Gefühlswallungen zu genießen, obwohl manche Wassermann-Männer einen Hauch von traumhafter Unwirklichkeit in den Liebesakt, eine Brise von prickelnder Spannung in Annäherung und Vorspiel mit hineinbringen. Und so manche Steinbock-Frau errötet ihr Leben lang bei dem Thema Sexualität. Er bringt vielleicht zuviel Phantasie in ihre Liebesbeziehung ein, was sie als verwirrend, ja störend empfindet, doch wenn sie sich mit Herz und Seele lieben, dann können die beiden alle kleineren Probleme sexueller Anpassung überwinden. Steinbock-Frauen brauchen oft sehr lange, um sexuelle Bedürfnisse zu entwickeln, und dasselbe gilt für viele, wenn auch nicht alle Wassermann-Männer. Je später sie also heiraten, desto größer sind ihre Chancen, einander glücklich zu machen.

Was die Tugenden eines Wassermann-Liebespartners oder -Gatten angeht, so gibt es wohl kaum einen Mann, der eine intellektuelle Herausforderung so beharrlich verfolgen kann wie er – und Liebe ist schließlich eine geistige Angelegenheit. Halt, ich korrigiere: Sie ist für jene eine geistige Angelegenheit, die wie der Wasserman in einem Luftzeichen geboren wurden. Für die, die wie der Steinbock in einem Erdzeichen geboren wurden, ist Liebe eine Angelegenheit emotionaler Sicherheit.

Er möchte eine Welt entdecken, in der die Blätter niemals von den Bäumen fallen – und die Sonne nie untergeht. Sie ist sicher, daß es eine solche Welt nicht gibt. Wenn die beiden gemeinsam ihr Glück versuchen wollen, dann muß sie ihm trotzdem helfen, nach dieser Welt zu suchen.

Steinbock-Mann – Wassermann-Frau

Eine Liebesbeziehung zwischen diesem Mann und dieser Frau kann sehr lange reibungslos verlaufen. Bis sie eines Tages vor seinen Freunden oder seiner heißgeliebten Familie eine kränkende und unverständliche Bemerkung macht – oder plötzlich beschließt, etwas Verrücktes zu tun. Dann wird der Steinbock-Mann leicht nervös – ein seltener Anblick, da Steinböcke nur selten nervös sind.

Das erste, was sie lernen muß, wenn sie sich mit diesem Mann einläßt, ist, seine Familie zu lieben und zu respektieren, als wäre es ihre eigene – mehr sogar noch als ihre eigene. Und das ist ein Muß, egal wie seine Familie auch sein mag. Nicht daß er ihre Untugenden, Fehler und Laster nicht sieht, doch das spielt keine Rolle. Ein Steinbock-Mann fühlt sich geradezu verpflichtet, seine Verwandten zu ehren, und besteht darauf, daß jeder, der ihm nahesteht, sie trotz ihrer Schwächen in gleichem Maße vergöttert. Andernfalls leidet er unter Schuldgefühlen. Die Untugenden seiner Familie werden entweder vernunftgemäß gedeutet oder übersehen. Sie sollten auch von der Frau übersehen werden, die hofft, einen Platz in seinem Herzen zu finden. Er wird sich gelegentlich gezwungen sehen, etwas an ihnen auszusetzen, doch ist es ihm lieber, wenn die Kritik von ihm kommt – und nicht von Außenstehenden.

Da es sich hier um eine 2:12-Sonnenzeichen-Kombination handelt, wird diese Verbindung von einem starken gemeinsamen Interesse an Geld und finanzieller Sicherheit und einem hohen Maß an Selbstaufopferung geprägt sein. Außerdem wird er heimlich zu ihr aufschauen und spüren, daß sie eine undefinierbare Weisheit in sich birgt und ihm weitervermitteln kann. Sie wird tolerant seine gelegentlichen unerklärlichen Depressionen und Launen, seine zeitweiligen prüden, spießigen Ansichten übersehen, weil sie ein unbewußtes Verständnis für die Eigenarten dieses Mannes aufbringt.

Er ist in einem Erdzeichen, sie in einem Luftzeichen geboren, und deshalb sind ihre Grundmotivationen nur selten die gleichen. Die beiden lassen sich oft auf ein gemeinsames Geschäftsunternehmen ein. Wenn nicht Heim und Familie im Mittelpunkt ihrer Beziehung stehen, und wenn sie einmal verliebt sind, dann werden sie versuchen, die offensichtlichen Differenzen zwischen ihren Persönlichkeiten zu übersehen, Wenn einer vom anderen geformt wird, dann ist es eher sie als der Steinbock. Nicht immer, aber meist. Da der Wassermann ein Luftzeichen ist, ist er auch gefügiger, anpassungsfähiger – leichter formbar. (Sie wurde jedoch in einem festen Zeichen geboren und kann gelegentlich eine unerwartete Dickköpfigkeit an den Tag legen.) Doch muß sie sich ändern, um seine Liebe zu erhalten, dann wird sie das gewöhnlich auch tun, es ist ein ganz natürlicher Vorgang für diese Frau. Für den Steinbock ist es absolut kein natürlicher Vorgang. Er fürchtet größere Veränderungen, was Beruf, Wohnsitz und Freundschaft betrifft. Während sie sich danach sehnt, neue Leute kennenzulernen und mit allen gleich gut Freund ist, läßt er sich nur höchst ungern mit Menschen ein, die nicht dem Familienkreis oder dem engsten Kreis von Freunden angehören, die er schon von Kind auf kennt.

Was sie anfangs verbindet, ist ihre Ehrlichkeit und Rechtschaffenheit. Steinbock-Männer können keine launischen, verrückten, ordinären, aggressiven oder von Grund auf unehrlichen Frauen ertragen. Deshalb wird er feststellen, daß sie von denselben Tugenden der Treue und Ehrlichkeit durchdrungen ist wie er selbst, und so beginnt er – nach einem angemessenen Zeitraum – zu planen. Egal, was er plant, es wird immer erst nach einem angemessenen Zeitraum geschehen.

Was er übersieht, ist, daß ihre persönliche Integrität mit einer eigenen, individuellen Note versehen ist. Wassermänner sind erst einmal sich selbst treu (auch ehrlich mit sich selbst), all dem treu, was sie für die Wahrheit halten – doch das ist nicht unbedingt identisch mit Integrität, wie sie Steinböcke verstehen, und ihrer traditionellen Auffassung von Ehrlichkeit. Der Steinbock lebt nach Regeln. Der Wassermann zugegebenermaßen auch, doch er hat sein eigenes, persönliches Repertoire von Regeln.

Was sicherlich Probleme zwischen den beiden aufwerfen kann, sind die Steinbock-typischen neurotischen Ansichten, was »seine arbeitende Frau« angeht. Die meisten Steinböcke zucken bei Karriere-Frauen mit den Achseln. Andere tun noch mehr, als nur mit den Achseln zu zucken, sie verbieten es rundweg, mit der einen Ausnahme, daß sie nämlich ihrem »kleinen Frauchen« gestatten, mit im Familienbetrieb zu arbeiten. Wieder andere Steinböcke sind der festen Überzeugung, daß ein Mann eine im Beruf erfolgreiche Frau nur ihres Geldes wegen heiraten kann – auch wenn es ganz offensichtlich ist, daß ihre Liebe auf Gegenseitigkeit beruht. Dieser Steinbock-Typ beharrt auf seiner Ansicht, daß solch ein Mann seine Liebe nur heuchelt. Es kann nur das Geld sein. Sogar wenn er sich selbst einmal in eine Karriere-Frau verliebt, meint er, daß sein Motiv nur Ehrgeiz sein kann – egal wie hübsch, begehrenswert oder intelligent sie ist oder wie tief er sich ihr verbunden fühlt.

Wenn ihr Steinbock-Mann nicht gerade einen Tick hat, was die Unabhängigkeit bzw. die Abhängigkeit der Frau angeht, dann könnte die Wassermann-Frau, (die ja in einem festen Zeichen geboren wurde) seltsamerweise seine irgendwie altmodischen Ansichten bewundern. Schließlich hat sie sich ja in ihn verliebt, weil er ein Mann ist, auf den sie sich verlassen kann – im Gegensatz zu all den anderen Männern, die sie kennt und die unberechenbar sind wie – nun, wie sie selbst (oder besser gesagt, wie sie selbst *war*, bevor der Steinbock sie ein wenig umerzog).

Ihre Streitereien drehen sich gewöhnlich um Dinge außerhalb ihrer Beziehung, Vorfälle oder Menschen, denen sie tolerant gegenübersteht und die er unerbittlich verurteilt. Doch wie sehr er sie auch umerziehen mag – sie wird bei jedem Streit mit ihrem sanften, überzeugenden Luftzeichen-Charme das Regiment führen – indem sie nur *suggeriert.* Auf diese Weise geht die Wassermann-Frau letzten Endes aus fast jeder Streiterei oder Konfrontation mit ihrem dickköpfigen, erdgebundenen Steinbock siegreich hervor.

Im sexuellen Bereich läßt die Beziehung von Steinbock-Mann und Wassermann-Frau etwas zu wünschen übrig. Nicht immer, nur manchmal. Der Wassermann ist ein männliches Zeichen, das auch von einem männlichen Planeten, Uranus, regiert wird – ganz egal wie sanft sie auch sein mag. Die wechselnden Launen ihres undefinierbar weiblichen Wesens, vermischt mit ihrer widersprüchlich männlichen Bestimmtheit, reizen den Steinbock zwar zuerst, irritieren ihn aber später eher. Irgendwie entzieht sich ihm ihr wahres Wesen. Was ihn betrifft, nun, seine erdgebundene Sinnlichkeit zieht sie zu Beginn ihrer Romanze unweigerlich an, später dagegen könnte sie zu einer schweren Last werden, da ihr Ideal von sexueller Ausdruckskraft weitaus ätherischer ist und phantasievolle, geistige Vorbereitung auf den Liebesakt verlangt. Wahre Liebe kann natürlich alle Hindernisse überwinden.

Vorausgesetzt, ihre Mond- und Sonnen-Aspekte sind harmonisch, wird sich ihre Beziehung mit den Jahren vertiefen, bis schließlich jeder das beiträgt, was dem anderen fehlt. Sie wird ruhiger und gesetzter, weniger von Sehnsüchten geplagt werden. Er wird weniger starr und unbeweglich in seinen Ansichten werden, dafür aber freier und offener. Sie werden immer weniger wie sie selbst und immer mehr wie der andere – und verschmelzen zu einer solchen Einheit, daß ihre Freunde sie nach und nach als eine Person und nicht als zwei Individuen betrachten.

Die Steinbock-Fische Beziehung

In der stillen Gegenwart des Steinbocks fühlt sich der Fisch oft geborgen und behaglich wie ein kleines Kind, das von seiner Mutter in den Schlaf gewiegt wird. Weil sie von dem verwirrenden, nicht greifbaren Planeten Neptun regiert werden, empfinden Fische die solide Stabilität Saturns so beruhigend, und deshalb *fühlen* sie sich wie kleine Kinder.

Umgekehrt empfindet der Steinbock in der heiteren Gegenwart des Fisches oft ein beschwingtes, schwebendes Gefühl. Weil sie von dem unerbittlichen, Selbstdisziplin fordernden Planeten Saturn beherrscht werden, sind die Steinböcke von der verträumten, entspannten Lockerheit Neptuns so fasziniert und erfüllt von seinem Versprechen der Freiheit.

Alle Fische- und Steinbock-Menschen sollten ein Weilchen über die beiden vorangegangenen Absätze nachsinnen, bis sie nachhaltig von all den guten Dingen beeindruckt sind, die sie aus ihrer Beziehung schöpfen können, und den unschätzbaren Wert der nicht faßbaren, aber kostbaren Gaben ermessen, die sie Tag für Tag austauschen können.

Weil sie sich aus einem Erd- und einem Wasserzeichen zusammensetzt, ist in dieser 3:11-Sonnenzeichen-Partnerschaft oft so ein wunderbar heiterer Zauber der Sympathie zu spüren. Ihre Verbindung bewirkt, daß die Erdzeichen-Natur des Steinbocks sehr stark bereichert wird und daß die Wasserzeichen-Natur der Fische einen sicheren Ort findet, an dem sie Schutz suchen kann.

Steinböcke fühlen sich sicherer mit einem Fisch als mit den

anderen Sonnenzeichen. Umgekehrt fühlt sich der Fisch beim Steinbock geborgener als bei anderen Sonnenzeichen und mutiger, wenn er sich gegen den introvertierten Neptun-Einfluß auflehnt. In vielen Dingen sind Steinbock und Fisch deshalb wie für einander geschaffen. Wenn ihre Mondzeichen oder Aszendenten einen negativen Einfluß ausüben, kann es sein, daß sie sich gelegentlich in die Wolle kriegen. Ansonsten werden die beiden einträchtig und glücklich miteinander leben.

Da Fische und Steinbock in vielen wichtigen Dingen ähnlich empfinden, haben sie, relativ gesehen, viel seltener Meinungsverschiedenheiten als Zeiten reibungsloser, fast müheloser Zusammenarbeit und Kompromißbereitschaft. Wenn sie zum Beispiel in eine Diskussion über kontroverse Themen wie Astrologie oder Religion verstrickt sind, dann werden sie es kaum verhindern können, grundsätzlich aneinander zu geraten, da der Steinbock so auf Tradition und Autorität pocht – das Abstrakte suspekt findet – und instinktiv weniger mitfühlend und scharfsichtig ist als der Fisch. In diesem Fall ist es gewöhnlich der Fisch, der die falsche Denkweise des Steinbocks vorsichtig in andere Bahnen lenkt – obwohl wiederum bei anderen Themen der Steinbock derjenige ist, der die Ansicht des Fisches entschieden in seine Richtung beeinflußt.

Es läßt sich nicht leugnen, daß Fische beiderlei Geschlechts und jeden Alters dazu neigen, oft zu lange zu zaudern und gelegentlich zu flexibel zu sein. Diese Haltung muß den typischen Steinbock stören, der fast nie zaudert, weder bei wichtigen noch bei unwichtigen Dingen, und der häufig zu wenig flexibel ist. Für einen Außenstehenden ist es leicht zu sehen, wie sehr die beiden voneinander profitieren würden, wenn sich jeder einen Teil der Natur des anderen aneignen würde, doch für Fisch und Steinbock ist das nicht so leicht einzusehen.

Es besteht immer die Möglichkeit, daß der stärkere Steinbock den Fische-Menschen so beherrscht und dominiert, daß dieser nur noch ein Schatten des Steinbocks ist und heimlich unter dem beängstigenden Verlust seiner Identität leidet. Ein verängstigter Fisch kann sich Betrug, Drogen und Alkohol zuwenden oder einfach entschwinden, ganz still, ohne vorherige Warnung, weil er sich am Ende, so oder so, aus dem Gefängnis des Geistes befreien wird. Das ist unvermeidlich. Und keiner der möglichen Fluchtwege ist sonderlich angenehm oder wünschenswert.

Doch das ist ein Extremfall unheilvoller Neptun-Saturn-Verbindungen, der nur eintritt, wenn andere Planetenaspekte zwischen ihren Geburtshoroskopen negativ sind. Weitaus häufiger kommt es vor, daß Fisch und Steinbock dicke Freunde werden (besonders wenn ihre Planeten harmonieren), egal ob sie Klassenkameraden, Liebende, Nachbarn, Kollegen oder Verwandte sind. Sie sind in vielen Dingen eher ähnlich als unähnlich, und selbst die Dinge, in denen sie sich nicht ähnlich sind, gleichen sich oft auf so nette Weise aus. Normalerweise gefällt ihnen dieselbe Musik, und sie lachen über dieselben Witze.

Steinbock-Frau – Fische-Mann

Der typische Fische-Mann kreuzt ziellos durchs Leben, nimmt wenig oder gar nichts ernst, sich selbst eingeschlossen – und am wenigsten Gebräuche und Traditionen.

Steinböcke dagegen *sind* konventionell. Konventioneller geht es gar nicht. Die Steinbock-Frau ist das Sinnbild für »Korrektheit« und »vornehme Lebensart«. Alles, was diese Frau tut, ist formell und formalisiert.

Eine Steinbock-Frau ist erstaunlich trittsicher, wenn sie eine Leiter hochsteigt. Keine Sprossenleiter – sondern die Leiter zu Erfolg und Anerkennung, die ihr ein Gefühl von Selbstachtung verleihen. Wenn sie keine Erfolge in der Öffentlichkeit erlangt, so wird es doch zumindest ihr hartnäckig verfolgtes Ziel sein, Respekt und Anerkennung bei ihren Freunden, Nachbarn und Verwandten zu finden. Besonders ihrer Verwandten. Sicherlich hat sie nicht viele Freunde, und die kennt sie noch von der Volksschule her. Was die Nachbarn angeht, sie lebt ja auf dem Land, wo man nicht so dicht aufeinanderhockt, und wenn sie in der Stadt wohnt, nun – Großstadt-Höhlenbewohner sind nicht besonders gesellig. Deshalb möchte sie auf ihre ruhige Art bei ihrer eigenen Familie Anerkennung finden, es sei denn, sie gehört zu dem Steinbock-Typ, der größeren Ruhm anstrebt. Die

Steinbock-Frau wird immer zu den Besten gehören, egal wie groß oder klein der Kreis ist, in dem sie sich bewegt. Sie wird die meisten Produkte einer bestimmten Marke in ihrem Bezirk verkaufen, das sauberste Haus in der Straße besitzen – oder sich als beste Köchin bei allen Familienfeiern erweisen. Status ist Status, egal welcher Art.

Falls sie nicht schon als kleines Kind Waise wurde, wird sie sehr an ihrer Familie hängen. Ist sie ein Waisenkind, dann wird sie ihre unerfüllte Liebe zu ihren Eltern auf ihre eigene Familie, ihre Kinder und Enkel, verschwenden. Es ist eine große Tugend, einer ihrer bewundernswertesten Charakterzüge. Doch der Fisch sollte sich darüber im klaren sein, daß er immer den zweiten Platz hinter ihrer Familie einnehmen wird, nicht was Liebe oder Zuneigung angeht, sondern in puncto Anteilnahme und Aufmerksamkeit.

Und der Fisch wird sich sogar meist zufrieden dieser Situation anpassen. Wenn sein Geburtshoroskop nicht ungünstige Planeteneinflüsse in Zwillinge, Wassermann oder Schütze aufweist, dann wird er sie um ihrer Familientreue willen noch um so mehr lieben. Das beweist nämlich, daß sie zuverlässig und vertrauenswürdig ist, zwei Wörter, die eine große Anziehungskraft auf sein Neptun-Unterbewußtsein haben, wenn er sich auch oft dagegen wehrt. Er ist entspannter und weniger ziellos, wenn er in einer Beziehung ein Gefühl von emotioneller Sicherheit verspürt. Familie, das bedeutet Stabilität. Doch wie groß sein Bedürfnis nach Stabilität auch ist, das Familien-Zusammengehörigkeitsgefühl könnte zu einem Problem werden, wenn es auf die Spitze getrieben wird. Alle Fische sind sehr eigen, was ihr Privatleben – und ihre Freiheit – angeht. *Gedanken-, Handlungs-* und *Bewegungs*freiheit. Jede Art von Einengung (geistiger, gefühlsmäßiger oder physischer Art), ob konkret oder nur eingebildet, bewirkt, daß er gereizt und unruhig wird. Die Steinbock-Frau sollte wissen, daß ein Fisch immer das Gefühl haben muß, in einem großen Teich zu schwimmen. Man darf den Neptun-Mann, ähnlich wie einen »echten« Fisch, nicht einfach in ein kleines Aquarium setzen, in dem er nur endlose Kreise ziehen und nie geradeaus schwimmen kann – um zu erforschen.

Obwohl die Steinbock-Frau sehr besitzergreifend sein kann und ihr Mißfallen durch einen eisigen Blick oder die strikte Weigerung kundtut, sich mitzuteilen, wird sie ihrem Fische-Mann kaum emotionsgeladene Eifersuchtsszenen machen – und dafür sollte er so dankbar sein, daß er immer seltener entschwindet, bis er schließlich so verwurzelt ist wie sie.

Alle Fische-Männer sind sich in diesem Punkt ähnlich. Wenn sie freudigen Herzens all ihre Freiheit verschenkt haben, dann wagen sie sich nur noch selten hinaus und sind fast immer treue Liebhaber und Ehemänner. Wird ihre Freiheit jedoch nur geschmälert, dann werden sie nervös und unruhig, winden und schlängeln sich aus dem Griff unbegründeter Eifersucht heraus, bis sie schließlich den Beweis für die alte Regel erbringen, daß eine Person immer zu dem wird und das tut, was derjenige, der sie liebt, von ihr erwartet.

Die Moral von der Geschichte ist, daß die sicherste Art, einen Fische-Mann zur Untreue zu treiben, darin besteht, ihn der Untreue zu verdächtigen und ihn wissen zu lassen, daß man ihn verdächtigt; der verläßlichste Weg aber zu verhindern, daß er untreu wird, besteht darin, ihn wissen zu lassen, daß seine Liebe und Hilfe gebraucht und geschätzt wird.

Niemand, ob Mann oder Frau, *will* wirklich untreu sein. Untreue führt unweigerlich nur zu Schuldkomplexen und verzettelten Gefühlen, nie zu Glück und Freude. Doch manche Männer brauchen ständig neue Herausforderungen, immer neue Formen der Erregung (nicht unbedingt sexueller Art), oder sie fühlen sich tödlich gelangweilt und depressiv. Die weise Steinbock-Frau, die einen Fisch liebt, wird das verstehen und ihm in ihrer Beziehung so viel Heiterkeit, Leichtigkeit und unerwartete Überraschungen bieten, daß er die vielgestaltigen Bedürfnisse, die er hat, auch allein mit ihr befriedigen kann.

Es mag merkwürdig klingen, doch vieles an der Art, wie sich Fische-Mann und Steinbock-Frau sexuell näherkommen, ist vom Praktischen bestimmt. Sie mag anfänglich mehr als schüchtern sein – doch mit »anfänglich« meine ich, bevor sie das erste Mal von einem Mann in die Arme genommen wird, vor ihrem ersten Gutenachtkuß. Ist ihre Sexualität aber einmal geweckt, dann legt diese Frau ihre Sprödigkeit ab und spielt keine romantischen Spielchen. Ihr sexuelles Verhalten ist so direkt wie alles andere an ihr und, natürlich, auch zweckmäßig wie alles andere. Was ihn betrifft, so kann ihn, wie alle von Neptun Regierten, absolut nichts erschüttern, und das schließt den Bereich seiner eigenen Liebeserfahrung ein.

Bestehen Disharmonien zwischen seiner Sonne und ihrem Mond oder umgekehrt, dann könnte ihre Einstellung zur Liebe zu wenig romantisch sein, um ihn ganz zu erfüllen – wohingegen ihr seine Einstellung zu flüchtig oder oberflächlich, nicht tiefgehend genug ist, um ihre innersten Sehnsüchte zu befriedigen. Und dennoch, die Freundschaft, die die beiden aufgrund der 3:11-Sonnenzeichen-Kombination verbindet – und die erleichterten Kommunikationsmöglichkeiten, die sie bewirkt –, wird sicherlich ausreichend sein, um ihnen zu ermöglichen, nach einer Weile alle Probleme zu lösen. Oft vertieft das gegenseitige Verständnis ihr Verlangen noch um vieles. Nicht daß sie sich ihm verweigern will, um Gottes willen, nein! Ihr Instinkt sagt ihr, daß sie dem Mann, den sie liebt, das Gefühl von Wärme und Geborgenheit vermitteln muß. Nur leider glaubt sie, daß der einzige Weg, dies zu tun, darin besteht, daß sie selbst ein Fels ist – an den er sich bei jedem Sturm, bei jedem Unwetter lehnen kann. Das ist prima und gut gemeint, nur ist es nicht ganz ausreichend. Sie muß ihm ein Fels sein (denn er braucht diese Art von Sicherheit), doch muß sie ebenso in der Lage sein, sich auf seine Persönlichkeit, auf seine innersten Wünsche einzustellen, die um so vieles weitschweifiger sind als ihre. Es wird ihr nicht leichtfallen, den bewußten Versuch zu machen, gelokkerter zu sein, Risiken einzugehen, flexibler und weniger vorsichtig zu sein. Doch wenn sie ihn wirklich an ihrer Seite behalten und ihrer Liebe eine feste und beständige Form geben will, dann kann sie immer auf Saturn zählen, um ihren Vorsatz zu festigen. Wenn eine Steinbock-Frau etwas wirklich *will*, dann hat sie auch Kraft genug, es durchzusetzen.

Das größte Geschenk, das eine Steinbock-Frau ihrem sanften Fisch machen kann und macht, ist das beruhigende Gefühl ihrer Verläßlichkeit. Er weiß, daß er sich auf ihren unerschütterlichen Glauben an ihn verlassen kann, wenn er durch wiederholte Enttäuschungen entmutigt ist und sich quält, weil eine kalte und achtlose Welt seine Träume zerstört. Und sein größtes Geschenk an sie ist seine großartige Neptun-Phantasie.

Steinbock-Mann – Fische-Frau

Die meisten Steinböcke sind fast übertrieben ehrgeizig. Sie sind den Weg zur Spitze mit eiserner Entschlossenheit hinaufgeklettert und beabsichtigen, so oder so, dort zu bleiben. Und noch etwas darf eine Fische-Frau, die einen Steinbock liebt, nicht vergessen: Er ist fest davon überzeugt, daß seine Frau ins Heim, an den Herd gehört; sie hat sich liebevoll um die Bedürfnisse ihrer Familie zu kümmern – eine Karrierefrau ist das letzte, was ein Steinbock ertragen kann.

Natürlich haben nicht alle Steinböcke solche Ansichten, was die Aufgaben ihrer Frauen angeht. Deshalb ist es also wirklich nicht ganz fair zu behaupten, alle Steinbock-Männer würden ihren Frauen verbieten, arbeiten zu gehen.

Es *ist* jedoch fair zu behaupten, daß fast jeder Steinbock-Mann, der seiner Frau aus einer finanziellen Notsituation heraus gestattet zu arbeiten, dies nur widerwillig tut, weil er die Zeit herbeisehnt, in der die Umstände es nicht mehr verlangen, daß die Frau, die er liebt, außer Haus arbeitet. Wie bei allem gibt es natürlich auch hier Ausnahmen, doch nur wenige Steinböcke sind bei dem Gedanken an die Berufstätigkeit ihrer Frauen entzückt – wenn sie sich selbst gegenüber einmal ganz ehrlich sind.

Die Fische-Frau ist tolerant und sensibel genug, um zu verstehen, daß die Instinkte, die seine Unbeugsamkeit bewirken, gleichzeitig auch die Tugenden in ihm erwecken, die sie so anziehen. Denn aus derselben Quelle entspringt seine Ritterlichkeit und Verläßlichkeit, seine Zärtlichkeit – und seine unerschütterliche Treue und Ergebenheit all denen gegenüber, die er liebt. Seine Anfälle von Depressionen und eisernem Schweigen verwirren sie weniger, als es bei anderen Frauen der Fall ist, im Gegenteil, sie vertiefen ihre Liebe nur noch, weil sie ständig aufgerufen ist, Mittel und Wege zu finden, um ihm mit ihrer sanften Art – der taktvollen Ergebenheit in seine Saturn-Natur und der offensichtlichen Anerkennung seiner Tugenden – ein Lächeln zu entlocken und ihm in der Düsterkeit seiner Melancholie ein wenig Licht zu spenden.

Die Fische-Liebe ist von der Gnade und der tiefen Weisheit des Allesverstehenden bestimmt. Nach und nach wird sie ihn ändern, bis er erkennt und weiß, daß er die strengen Regeln, die er für sich (und manchmal für andere) aufstellt, lockern kann, und daß ihn niemand deswegen kritisieren wird. Bis dahin wird der Zeitpunkt gekommen sein, an dem der Steinbock mit zunehmendem Alter freier wird und die selbstauferlegte Selbstdisziplin ablegt und sein Herz und seine Seele sich den verschiedenen Möglichkeiten der Freiheit – des Geistes und seines persönlichen Verhaltens – zu eröffnen beginnen.

Wie bei allen Verbindungen von Erd- und Wasserzeichen kann die körperliche Liebe zwischen Fische-Frau und Steinbock-Mann eine tiefe und bereichernde Erfahrung für beide sein. Das plötzliche Gefühl des Glücks, das den Steinbock nach dem Liebesakt überkommt, spiegelt sich in seiner Gelockertheit und dem Funkeln in seinen Augen wider, so als hätte er gerade Unschuld und Lust entdeckt – befreit von Sorge und Schuld. Und sie ist auch glücklich, weil das persönliche Glück der Fische-Frau immer von dem Maß an Glück abhängt, das sie anderen zu geben in der Lage ist. Schweigen ist fast immer der Anfang des Liebesspiels zwischen Fisch und Steinbock – ein Schweigen, das sich aus Verständnis und Gefühlstiefe zusammensetzt, die man unmöglich in Worten ausdrücken kann.

Steht ein ungünstiger Aspekt zwischen den Sonnen, Monden und Aszendenten ihrer Geburtshoroskope, dann wird ihre sexuelle Beziehung weniger harmonisch sein, und ihre »Ruhe« und »Stille« könnte sich gelegentlich in Kühle und gelangweilte Gleichgültigkeit umkehren. Wenn das der Fall ist, dann hat er sein physisches Verlangen über ihre eher romantischen Bedürfnisse gestellt – oder sie hat sich geweigert, seiner erdverbundeneren Leidenschaft mit genügend Intensität zu begegnen. Doch wenn sie es versuchen, dann können diese beiden, von der 3:11-Kombination der Freundschaft beeinflußten Liebenden alles noch einmal besprechen, was dazu führen wird, daß sie in Zukunft mehr Verständnis für die Bedürfnisse des anderen aufbringen werden. Ehrlich diskutieren über das, was der Partner zur Erfüllung der Liebe sucht und braucht, kann Probleme auf überraschend mühelose Weise aus dem Weg räumen.

Das häufigste Spannungsfeld bei Fische- und Steinbock-Liebenden oder -Ehepartnern ist ihre Neigung, zu gefühlvoll, und seine Neigung, gefühllos zu sein. Sie könnte ihn zu kühl und zu wenig mitfühlend finden, während er sie zu ausweichend, verschlossen und verwundbar finden könnte – was ihn nervös macht und verunsichert, weil er Angst hat, ihre Gefühle zu verletzen. Sie müssen diese Konflikte lösen, sobald sie sich zeigen, und dürfen nicht warten, bis sie sich zu einer Barriere zwischen ihnen aufgebaut haben, die sie nach und nach immer mehr von einer offenen Aussprache abschreckt.

Der Steinbock, der seine Fische-Frau liebt, kann sehr leicht durch ihre sanfte Fraulichkeit irregeführt werden. Doch es gibt noch andere Dinge, die er von seiner Erwählten wissen sollte. Zum einen ist sie in einem Wasserzeichen geboren, was bedeutet, daß sie in der Lage ist, seine Entschlossenheit zu untergraben – nicht durch heftige, emotionelle Forderungen, sondern durch den unsichtbaren Druck beständiger und beharrlicher Überzeugungskraft und subtiler Anspielungen. Wasser ist das zäheste aller Elemente, und zwar ganz einfach wegen seiner Passivität, die am Ende jede Form von Widerstand zunichte macht. Sie kann auch launisch und gereizt sein, jedoch selten oder nie aggressiv. Er wird es nicht leichthaben, ihr eine direkte Antwort zu entlocken, wenn er wissen will, was sie wirklich denkt und fühlt. Es wird Augenblicke geben, in denen er das Gefühl hat, daß sie seinen Fragen – oder ihm – aus dem Wege zu gehen versucht. Ebenso, wie es Augenblicke gibt, in denen sie das Gefühl hat, daß er zu besitzergreifend ist und ihr nicht genügend Freiheiten läßt.

Die Steinbock-Widder Beziehung

Der Steinbock beneidet den Widder um seine Fähigkeit, frei, sorglos und glücklich durchs Leben zu gehen. Der Steinbock braucht den Widder jedoch nicht um seine bisweilen zum Durchbruch kommende Herzlosigkeit zu beneiden, da sie synonym mit Selbstsucht ist, die wiederum nicht nur eine Eigenschaft des Widders ist. Auch der Steinbock besitzt einen gehörigen Anteil davon.

Die Selbstsucht des Widders entspringt seiner Gedankenlosigkeit und seinen oft kindlichen Wünschen. Was der Widder will, das bekommt er, irgendwie, wenn er gelernt hat, den Mars-Enthusiasmus zu zügeln und nicht zu schnell vorwärts zu stürmen. Die Selbstsucht des Steinbocks resultiert aus seiner Überzeugung, sich nicht nach den Gescheiterten umdrehen zu dürfen, aus Furcht, sein eigenes Treffen mit dem Schicksal dadurch zu versäumen. Doch selbstsüchtig bleibt selbstsüchtig, was auch immer der Grund oder die Ursache sein mag, und beide Sonnenzeichen sind ziemlich häufig davon befallen.

Was zwei andere Eigenschaften angeht – Fröhlichkeit und Unschuld –, so hat der Steinbock allen Grund, den Widder zu beneiden. Fröhlichkeit ist nicht das Wort, das gewöhnlich mit Saturn-beherrschten Menschen assoziiert iwrd.

So besteht also nur eine geringe Chance, daß der Steinbock mit der naiven Fröhlichkeit und unschuldigen Arglosigkeit des Widders durch das Leben geht. Das ändert sich erst, wenn der Steinbock ins »mittlere Alter« kommt. Dann beginnt der »umgekehrte Alterungs«-Prozeß des Steinbocks, der Anfälle totaler

Ausgelassenheit mit sich bringt und dazu führen kann, daß der Steinbock das Leben sogar leichter als der Widder nimmt. Dies ist der Grund dafür, daß sich der Widder gewöhnlich in der Umgebung älterer Steinbock-Menschen wohler fühlt. Die Jüngeren machen ihn nur nervös.

Die Gründe des Widders, irgendeine Art menschlicher Beziehung oder Verbindung zu schaffen, sind immer impulsiv und idealistisch und werden von Emotionen beherrscht. Der Steinbock ist immer praktischer motiviert. Obwohl Steinböcke verständlicherweise die astrologisch fundierte Behauptung zurückweisen, daß sie oft heiraten, um finanziell und gesellschaftlich bessergestellt zu sein, trifft dies trotzdem mehr auf den Steinbock als auf den Widder zu. Das heißt nicht, daß der Steinbock kalt und berechnend ist; er wägt nur alle Möglichkeiten ab.

An der heutzutage so aktuellen Frage der »Ehe auf Probe« ohne Trauschein läßt sich zeigen, welche Gemeinsamkeiten und Unterschiede es im Denken von Widder und Steinbock gibt. Wenn die beiden sich wirklich lieben, denkt der Widder, so sollten sie *wissen*, daß es für ewig ist, warum also nicht sofort heiraten?

Die typische Reaktion des Steinbocks auf die gleiche Situation ist ebenso rührend sentimental und romantisch hoffnungsvoll. Der Steinbock wiederholt die Frage des Widders: Wenn die beiden sich wirklich lieben, so sollten sie *wissen*, daß es für ewig ist, warum also nicht sofort heiraten? Bis zu diesem Punkt gehen Steinbock und Widder den gleichen Weg. Doch dann trennen sich Mars und Saturn. Abrupt.

Nach angemessener Überlegung und sorgfältiger Erwägung – und nachdem seine anfängliche moralische Entrüstung gewichen ist – wird der Steinbock die Frage mit nachdenklicher Saturn-Überlegung abwägen und schließlich zu dem Schluß kommen, daß dieses Arrangement doch vernünftig ist. (Da der Steinbock ein unverbesserlicher Realist ist, ist die Moral des Steinbocks sehr eng mit seinem praktischen Sinn verknüpft.

Der Steinbock reagiert stets gekränkt, wenn er vom Widder beschuldigt wird, er sei ehrgeizig. Er glaubt, daß niemand es merkt. Wer, *er*? Ehrgeizig? Ja, *er* – ehrgeizig. Es gibt noch andere Saturn-Eigenschaften, die der Steinbock nur langsam in sich selbst erkennt, so die periodisch auftretenden Momente von schwermütigem Pessimismus, das unbedingte Verlangen, die höchste Stufe gesellschaftlichen Ansehens zu erklimmen, die Abneigung, der etablierten Gesellschaft zu trotzen – und die oft blinde Ehrerbietung vor Tradition, Familie, Recht und Ordnung und jeder Form von Autorität.

Widder sind auch ehrgeizig, jedoch geben sie es offen zu. Steinböcke haben die wahrhaft wunderbaren Fähigkeiten, den Tatsachen leidenschaftslos ins Auge sehen, die Zahl ihrer Fehler verringern und das Beste aus ihren Tugenden machen zu können. Es würde den meisten Widdern nicht schaden, sie nachzuahmen.

Sicherlich ist es ein Fehler, alle Steinbock-Frauen als gesetzt anzusehen. Auch Steinbock-Männer sind nicht immer so steif und formell, wie man vielleicht glaubt. Sie sind zwar nicht mit übergroßem Idealismus wie der Widder ausgestattet, jedoch können sie den Widder mit allen Arten unerwarteter Vorschläge und Verhaltensweisen schockieren – im privaten Rahmen.

Wie dem auch sei, in der endgültigen Analyse arbeitet der Verstand des Steinbocks in eher konservativen Schablonen, wenigstens in der Öffentlichkeit. Der Widder beschuldigt den Steinbock oft eines Mangels an Mitgefühl; doch der Steinbock ist nicht ohne Sorge und Mitleid für jene, die er dessen wirklich für wert hält. Zusammenarbeit kann ungeheueren Erfolg für Steinbock und Widder bedeuten, wenn sie gemeinsam ihre Hörner gegen Vorurteil und Falschheit richten, anstatt gegen einander.

Beide Sonnenzeichen sind zähe Kletterer. Doch das Endziel des Steinbocks ist der höchste Gipfel des Berges, der einzige Ort, an dem er sich wirklich sicher fühlt. Für den geselligeren Widder – selten schafft er es bis zum Gipfel des Berges – ist das ein einsamer Platz ohne Herausforderungen – und was ist das Leben ohne die Aufregung der Gefahr? Für den Steinbock – *friedfertig*. Für den Widder – *langweilig*.

Steinbock-Frau – Widder-Mann

Die Wirkung, die der Widder-Mann und die Steinbock-Frau aufeinander ausüben, hängt zum größten Teil davon ab, wie alt die Steinbock-Frau zu dem Zeitpunkt ist, an dem sie einander zum ersten Mal begegnen. Sollte sie noch ein Teenager oder unter dreißig sein, so sieht sie ihn als einen eher unreifen, aufdringlichen, stürmischen Liebhaber-Typ ohne Zukunft. Er sieht sie vielleicht als sauertöpfisches Mauerblümchen oder, weniger schmeichelhaft, als verdrießliche, großmütterliche Einsiedlerin.

Sollten sie sich treffen, wenn sie über dreißig ist, so kann sie ein lebhaftes, lebenslustiges Frauenzimmer sein, voll junger Ideen über alles, von Psychologie bis zur Ökologie, und dann werden die beiden viel mehr gemeinsam haben. Dies kann dazu führen, daß der Widder glaubt, sie sei genauso impulsiv und sorglos wie er selbst, doch unterliegt er hier wieder einmal einem seiner übereilten Vorurteile. Sie ist immer noch ein Steinbock unter dem eisernen Einfluß des Saturn.

Nichts kann jemals die Ehrfurcht des Steinbocks vor Erfolg und einem soliden Bankkonto ändern. Nun strotzen Widder-Männer geradezu von Erfolgspotential. Jedoch stellt der Widder sein natürliches Geschick, ein solides Bankkonto aufzubauen, nicht gern zur Schau. Bis *er* über dreißig *ist*.

Steinbock-Frauen fühlen sich von Menschen, die es zu etwas gebracht haben, instinktiv angezogen. Ist denn Verantwortungsgefühl so schlecht? Nein, aber es nervt den Widder, weil es nach Vorsicht und reiflicher Überlegung reicht – beides Worte, die der Widder nicht kennen will, weil sie das symbolisieren, was er am meisten fürchtet – die Unterdrückung seines Mars-Enthusiasmus.

Dies ist auch der Grund, warum sich selten eine Liebesbeziehung entwickelt, wenn diese im Arbeitsleben zusammentreffen, wenn z.B. der Widder der Chef und das Steinbock-Mädchen die Sekretärin ist. Er wird im ersten Moment sehen, daß sie als Angestellte ein wahres Juwel ist, mit einem unwiderstehlichen, wenn auch leicht unterkühlten Sex-Appeal. Sie ist geschickt und tüchtig, lacht gern (obwohl sie ihren Humor während der Arbeitszeit sehr gut zu verbergen weiß). Es schmeichelt seinem Mars-Ego, daß sie erkennt, sie ist untergeordnet, und Untergeordnete müssen von den über ihnen Stehenden lernen. Wenn sie nicht miteinander wetteifern, so geben der Steinbock und der Widder ein interessantes Paar ab.

Dieses Mädchen ist oft sehr viel warmherziger und liebenswerter, als sie selbst zu erkennen bereit ist, und sie ist immer viel attraktiver, als sie selbst glaubt. Dazu kommt noch ihre Charakterfestigkeit (vorausgesetzt, Sonne und Merkur werden nicht ungünstig beeinflußt) und die Tatsache, daß sie nie leichtsinnig handelt.

Es liegt am Widder, sie davon zu überzeugen, daß sie eine sehr begehrenswerte Frau ist. Mit seiner Begabung für überschwengliche Wertschätzung und seiner Neigung, die Frau, die er liebt, auf ein Elfenbeinpodest zu stellen, könnte er es fertigbringen, die schüchterne oder unsichere Steinbock-Frau aus ihrer Reserve zu locken. Der Widder hat bessere Chancen als die meisten anderen Sonnezeichen, das Steinbock-Mädchen aus ihrem Minderwertigkeitsgefühl heraus und zu einem gerechtfertigten Stolz auf ihre weibliche Sexualität zu führen. Aber selbst, wenn ihm dieses kleine Wunder gelingt, kann er sie vielleicht noch nicht für immer in seinen Armen halten. Es gibt da noch ihre Familie.

Wenn ihre Eltern den Saturn-Sinn für Anstand nicht irgendwie verletzt haben, verehrt die durchschnittliche Steinbock-Frau sie fanatisch. Sollten sie den Widder-Mann nicht akzeptieren, wird sie es vielleicht auch nicht tun. Sollten sie ihn akzeptieren, sind aber krank oder stecken in finanziellen Schwierigkeiten, und sie sieht es als ihre Pflicht an, bei ihnen zu bleiben, so wird sie dafür ihre Liebe opfern. Es gibt nur einen einzigen Weg, der aus dieser Familien-Anhänglichkeit herausführen kann. Bieten Sie ihr an, ihre Eltern an Ihrem Eheleben teilnehmen zu lassen – und machen Sie das Beste daraus.

Die beiden können ihr Sexualleben erheblich verfeinern, wenn der Widder die astrologischen Ursachen der emotionellen Natur des Saturn besser kennenlernt. Wenn sie den physischen Ausdruck der Zuneigung unterdrückt, so liegt der Grund dafür nur darin, daß Saturn sie immer wieder warnt: »Laß Dich von Deinen Sinnen nicht täuschen. Sie sind unverläßlich und betrügen Dich.«

Der mutige Widder würde sich nicht fürchten, dem Steinbock die eisige Maske der Gleichgültigkeit vom Gesicht zu reißen, um die verborgene Leidenschaft bloßzustellen. Die Schwierigkeit ist nur, daß der Widder möglicherweise nicht *erkennt*, daß es nur eine Maske ist, und daß er daher nie die Tiefe der Leidenschaft ahnen kann und aufgibt, bevor er zu kämpfen angefangen hat.

Auch können die Flammen der Leidenschaft erlöschen, wenn die Steinbock-Frau durch ihre selbstauferlegte Zurückhaltung das Vertrauen des Widders in seine Fähigkeit als Liebhaber zerstört. Wenn er einmal spürt, daß sein Liebesspiel nicht die gleiche, intensive Hingabe bei ihr hervorruft, so leidet er unter Mindertwertigkeitsgefühlen.

Bei diesen beiden Menschen spielt das Mondzeichen eine überaus wichtige Rolle. Wenn Sonne und Mond in den jeweiligen Horoskopen unter einem harmonischen Aspekt stehen, kann der Widder wie durch Zauber das kalte und graue Blei des Saturn in funkelnde Diamanten des Mars verwandeln, nur durch die Wirkung der Liebe. Negative Aspekte in den Geburtshoroskopen sind relativ selten, und die meisten Widder und Steinböcke können schließlich Harmonie erreichen, wenn sie es versuchen – wie steinig der Pfad zu Beginn auch sein mag.

Der ungeduldige Widder kann sich ihrer Selbstkontrolle irgendwie unterlegen fühlen. Er sollte es nicht. Ihre Selbstkontrolle ist nur die Kette, die sie benützt, um ihren Geist davon abzuhalten, zu weit auszufliegen, dorthin, wo es keinen mehr gibt, der sie auffangen kann, wenn sie fällt. Seine Arme sind stark genug, um sie aufzufangen. Und er ist überzeugend und entschlossen genug, ihr das klarzumachen – wenn er geduldig ist.

Später, wenn sie die größten Schwierigkeiten gemeistert haben, wird er das weiche, geheimnisvolle Steinbock-Lächeln tiefen Vergnügens entdecken. Wenn er nicht schnell hinsieht, verpaßt er es vielleicht. Doch wie dem auch sei, es ist da, reflektiert von dem Sonnenlicht in ihr . . . durch das Wissen, daß sie geliebt wird.

Steinbock-Mann – Widder-Frau

Der Hauch von Einsamkeit, der den Steinbock-Mann umgibt, sorgt in einem Raum voller Leute, zieht die Widder-Frau sofort an seine Seite. Für die sentimentale, egozentrische Widder-Frau ist der Grund für seine Einsamkeit offensichtlich. Er hat auf sie gewartet – damit sie ihm zeigen kann, wie wunderbar das Leben sein kann. Also beginnt sie sofort damit, es ihm zu zeigen.

Der erste Enthusiasmus kann jedoch schon bald durch die langsamen Reaktionen des Steinbocks erstickt werden – seine erdhafte Immunität gegenüber ihrem feurigen Mars-Charisma und ihre impulsiven Emotionen können sie schließlich dazu bringen, zu glauben, er sei zu langweilig, verschlossen und zurückhaltend. Wie kann sie ihm helfen, das Sonnenlicht zu finden, wenn er nur an seine Karriere denkt, ganz abgesehen von seiner Familie. Es besteht wenig Hoffnung, daß er sie heiratet, da er eigentlich schon mit seiner Arbeit, seinen Ambitionen und/oder seinen Verwandten verheiratet ist.

Es könnte das Ende einer vielversprechenden Beziehung sein, die vielleicht tief befriedigend, wie auch finanziell erfolgreich hätte werden können.

Es kann sehr weh tun, jemanden zu verlieren, nur weil man unfähig ist, seine Gefühle deutlich auszudrücken, und dies ist sehr oft der Fall zwischen einem verschlossenen Steinbock-Mann und einem aggressiven Widder-Mädchen. Wie kann er ihr all seine geheimen Träume zu verstehen geben – wie kann er ihr das lebenslang Romantische zeigen, das tief in seinem Steinbock-Herzen verborgen ist?

Der von Mars dirigierte Instinkt der Widder-Frau war also vielleicht doch richtig. Er *hat* wirklich auf sie gewartet, damit sie ihm zeigt, wie man fröhlicher durchs Leben geht. Vielleicht lag es nur daran, daß ihre erste Annäherung für den introvertierten Steinbock zu überwältigend war. Steinböcke können impulsive, unbedachte Handlungen, auch wenn sie aus Liebe geschehen, nur schwer »verdauen«. Dieser Mann braucht eine gewisse Zeit, bis er sicher ist, daß er die Realität einer Romanze fest im Griff hat, und selbst dann geht er mit größter Vorsicht vor.

Auf der körperlichen Seite ihrer Liebe müssen die gleichen Hürden genommen werden, bevor die beiden sexuelle Erfüllung finden können. Wenn der Widder sich mit dem Steinbock vereint, ist das eine Verbindung von Feuer und Erde, und dies sind nicht die verträglichsten der Elemente. Seine sexuellen Impulse werden von Saturn beherrscht, dem Planeten des festen Widerstands, der Selbstdisziplin und Beständigkeit. Ihre sind vom Mars geleitet, dem Planeten, der das männliche Prinzip flammenden Eindringens symbolisiert. Der Steinbock würde lieber einsam bleiben und nach Liebe dürsten, als zu riskieren, sich an einer vorübergehenden Leidenschaft zu verbrennen. Der Widder würde es lieber riskieren, sich zu versengen, als es nicht zu versuchen. Also ist es gewöhnlich sie, die mit der ersten sexuellen Annäherung beginnt. Angenommen, die Sterne stehen günstig und sie erwischt ihn in einem Moment, in dem er zu schwach ist, um zu widerstehen, so wird der Steinbock-Mann auf ihren frischen, überschwenglichen Ausdruck der Liebe mit einer tiefen Intensität eingehen, die nur der von Saturn Beherrschte verstehen kann – und die Tiefe der Zuneigung wird sie genauso überraschen, wie sie sie erfreut.

Wenn diese beiden es auf wunderliche Art fertigbringen, zusammenzufinden, so steht sein Mond wahrscheinlich in Widder, Schütze, Löwe, Zwillinge oder Wassermann – oder ihr Mond steht in Steinbock, Stier, Jungfrau, Fische oder Skorpion. Dann werden die Unterschiede zwischen ihnen sich eher anziehen als abstoßen.

Stehen jedoch ihre Geburts-Sonnen oder -Monde in Quadratur oder in Opposition zueinander, so werden Steinbock und Widder in ständigem Kampf ihre Hörner verkeilen, oder sie langweilen sich so sehr mit dem anderen, daß einer von ihnen eines Tages weggeht und vergißt zurückzukommen. Ganz gleich, unter welchem Aspekt die Planeten der beiden stehen, es besteht immer die Möglichkeit, daß seine mißtrauische Reserve zu Beginn ihren natürlichen Elan in der Liebe erstarren läßt.

Steinbock und Widder sind nicht immun gegen den häufigen Fehler aller 4:10-Sonnenzeichen-Liebenden, die Welt anders zu sehen, als sie in Wirklichkeit ist. Sie verlieben sich und versuchen dann die Eigenschaften zu ändern, die sie zuerst am anderen bewunderten. Wenn er erkennt, daß er sie liebt, ist er beeindruckt von ihrer optimistischen, überschäumenden Einstellung zum Leben, sieht er über ihre Fehler großzügig hinweg. Später versucht er dann, ihren Charakter nach seinen Vorstellungen zu formen. Aber sie wehrt sich dagegen.

Wenn sie zum ersten Mal erkennt, daß sie ihn liebt, ist sie von seiner starken, stillen Aura der Kraft beeindruckt. Es verblüfft und erregt sie. Seine Geduld und Sanftheit schmeicheln ihren verworrenen Emotionen, und ihr Herz schlägt schneller, wenn sie sich nur vorstellt, wie es sein würde, eine intime, dauerhafte Beziehung mit diesem zärtlichen, ruhig humorvollen, weisen und standhaften Mann einzugehen. Nach einiger Zeit mißfallen ihr dann diese Eigenschaften.

Wenn dieser Mann und diese Frau auseinandergehen, so werden die Erinnerungen an gemeinsam Erlebtes sie verfolgen und sie auf die Frage bringen, ob sie es vielleicht nicht ernsthaft genug miteinander versucht haben. Er wird sich nach außen hin den Schmerz darüber, daß sie nicht mehr bei ihm ist, nicht anmerken lassen, doch in seinem Innersten quälen ihn bittere Selbstvorwürfe. Sie wird vielleicht einige Nächte lang weinen, so wie es ihrem emotionalen Wesen entspricht, aber nach und nach wird sie vergessen. Sie würde ihm nie eingestehen, wie schwer sie diese Trennung getroffen hat – Widder sind stolz. Was sie aber nicht weiß: Tief in der Einsamkeit seines Herzens bewegen ihn Gedanken, die sie hoffnungsvoll stimmen würden, könnte sie sie erraten . . .

Vergessen wir nicht die Botschaft der Sterne. Die Liebenden, die den schweren Seelentest einer 4:10-Kombination bestehen, werden von Venus belohnt. Und vielleicht wird der liebevolle Planet Venus gebraucht, um die Herzen zu erweichen, die von den männlichen Planeten Mars und Saturn beherrscht werden. Venus . . . und Musik . . . Poesie . . . und Erinnerungen.

Die Spannungen und Schwierigkeiten, die Mißverständnisse und die mangelnde Kommunikation untereinander, denen diese beiden gegenüberstehen – sind schrecklich. Die Belohnung für die Geduld, die sie füreinander zeigen, für das Warten auf die Weisheit des Herzens, um sie zu führen – ist riesengroß.

Die Steinbock-Stier Beziehung

Die leuchtenden Tugenden von Zuverlässigkeit und Gründlichkeit umgeben den Stier und den Steinbock mit der Aura erdfarbener Sicherheit.

Keiner der beiden hegt irgendeinen Zweifel, welches Ziel der andere hat. Beide wollen gesellschaftlich aufsteigen, ein ruhiges und beschauliches Leben führen, finanziell abgesichert sein – und nichts mit einfältigen Träumern und deren Illusionen, Phantastereien und durch fehlgeleiteten Idealismus verursachten Mißerfolgen zu tun haben.

Stiere und Steinböcke sind bescheiden und reserviert, und beide benützen diese Mäßigkeit als ein inneres Warnsystem, als Sicherheitsmechanismus, der sie vor irgendwelchen unberechenbaren Gefühlen warnt, die möglicherweise das Erreichen ihrer ehrgeizigen Ziele in Frage stellen. Das soll aber bei weitem nicht heißen, daß diese beiden träge, schwerfällige, humorlose und phantasielose Arbeitstiere sind. Die meisten Steinböcke haben irgendeine kreative oder künstlerische Begabung. Stiere sind humorvoll, schlüpfen gern in die Rolle des Hofnarren, der die Leute mit seinen Späßen zum Lachen und Nachdenken bringt.

Auch der Steinbock besitzt einen trockenen Humor. Seine eingehenden Beobachtungen der Lebenskomödie sind überraschend treffend; gewöhnlich bringt er seine Bemerkungen mit unbewegtem Gesicht vor, was diese noch lustiger machen. Wenn er durch irgend etwas angeregt wird, kann er sich lustige, seltsame Geschichten voll trockenem Humor ausdenken, daß

Berufskomiker vor Neid erblassen. Man sieht also, daß eine Verbindung zwischen Stier und Steinbock warm und herzlich, aber auch dauerhaft, fest und unerschütterlich sein kann.

Man sollte die beiden aber nicht für ein Komikerpaar halten. Beide sind in einem negativen Erdzeichen geboren, und das bedeutet, daß beide nicht leichtsinnig und leichtlebig sind. Steinböcke und Stiere *sind* lustig, doch sind sie nicht ausgelassen, und sie verlieren nie ihre Würde, wenn sie ihre Späße treiben. Man wird die beiden nicht oft in lauten Diskotheken tanzen sehen. Ein ruhiger, gemütlicher Abend beim Betrachten der letzten Urlaubsfotos mit der Familie ist mehr nach ihrem Geschmack.

Da es sich hier um eine 5:9-Sonnenzeichen-Kombination handelt, sind wahrscheinlich die Bereiche Kinder, Religion, Reise, Erziehung und Show-Business diejenigen, in denen Stier und Steinbock ihre gemeinsamen Interessen finden können. Sie können immer die in allen 5:9-Kombinationen vorhandene, natürliche Sympathie nutzen, um ihre Schwierigkeiten zu überwinden. Es ist stets schwierig für zwei Menschen, die von dieser Sonnenzeichen-Beziehung beeinflußt sind, über längere Zeit hinweg verärgert oder einander feindlich gesinnt zu sein. Der Weg zur Versöhnung ist immer leicht für die beiden, wenn sie sich darum bemühen, ihn zu finden.

Viele Steinböcke und Stiere teilen mit dem Löwen die Liebe für wertvollen Schmuck und Edelmetalle. Der flammende Löwe liebt es, ihn zu tragen, je auffälliger, desto besser. Der Stier liebt es, danach zu graben, kreativ angetrieben von der Erregung der Entdeckung, wie er da in das Innere der Erde eindringt, um nach Türkisen, Gold, Silber oder Diamanten zu suchen. Der Steinbock verbindet sie gern mit praktischen Kunstgegenständen, und oft befriedigt er seine geheimen künstlerischen Sehnsüchte durch Goldschmiedearbeiten. Das eigentliche Ziel von Steinbock und Stier ist jedoch, den eitlen Löwen oder die Löwin zu finden, die ihnen ihre Ware abkaufen, damit sie Geld verdienen können, denn Geld bedeutet für sie Sicherheit. Viele Steinböcke stöbern gern bei Altwarenhändlern herum, denn das große Talent des von Saturn Beherrschten liegt darin, versteckte Schätze zu finden, vergraben unter Abfall, weggeworfenen Büchsen und zerbrochenem Glas des Lebens. Dies ist einmal ganz wörtlich zu nehmen, trifft aber auch im übertragenen Sinn zu.

Der Steinbock wird erwachsen im Alter von ungefähr zwei oder drei Jahren. Der Stier bestimmt den Umfang seines künftigen Finanzreiches ungefähr im selben Alter. Also spielt es keine Rolle, wie alt oder jung diese beiden sind, wenn sie zusammenfinden. Sie haben sich die gleichen Ziele gesteckt. Der Stier und der Steinbock verhalten sich gegenüber der Außenwelt weise. Es ist ihre innere Welt, die ihnen Schwierigkeiten bereitet. Beide sind übervoll mit Gefühlen, die sie aber nicht zeigen wollen – und beide haben ein tiefes Verlangen nach Anerkennung und Zuneigung, um die sie aber niemals bitten werden. So stehen sie also fest wie zwei Berge, Seite an Seite, sehnen sich nach Trost und menschlicher Nähe und widersetzen sich beide den schüchternen Angeboten von Freundschaft und der Zurschaustellung offener Zuneigung.

Steinbock-Frau – Stier-Mann

Die praktische Art des Stier-Mannes wird mit Erregung (so viel Erregung, die ein Stier aufbringen kann) auf die praktische Art der Steinbock-Frau reagieren. Er bewundert ihre Selbstgenügsamkeit, ihre wohlerzogene, würdevolle Zurückhaltung fesselt ihn, wie auch ihre sanfte Schönheit. Der Stier mag es nicht, wenn er etwas zu leicht haben kann, einschließlich Liebe. Die Liebe dieser Frau ist nicht leicht zu erlangen. Da der Stier glaubt, daß nichts von großem Wert ist, für das man nicht hart arbeiten muß, um es zu bekommen und zu halten, wird ihm die Steinbock-Frau sofort gefallen. Es ist schwierig, ihre Zuneigung zu gewinnen, da sie ihr Inneres weder leicht noch schnell offenbart. Offensichtlich betrachtet sie der Stier als einen Preis, der es wert ist, erkämpft zu werden.

Doch wird er nicht mit dem gleichen Eifer der Erregung auf ihren offensichtlichen Mangel an Empfindsamkeit reagieren. Trotz seines scheinbaren Desinteresses an rührseligen Liebeserklärungen ist der Stier doch das sentimentalste aller Sonnenzeichen. Er trägt sein Herz nicht in der Hosentasche, sondern hat es auf dem rechten Fleck, wenn auch gut verborgen.

Die Steinbock-Frau wird sich weder von nostalgischen Erinnerungen an eine verflossene Liebesaffäre noch von den alltäglichen Erinnerungen an eine noch blühende Liebe überwältigen lassen. Das soll jedoch nicht heißen, daß sie zu keiner tiefen, innigen Liebe fähig ist. Ihre Treue ist sprichwörtlich, wenn sie einmal jemanden findet, den sie für würdig hält, geliebt zu werden. Sie kann auch zärtlich, fröhlich, sanft und liebevoll sein, alles typisch weibliche Eigenschaften. Schließlich ist der Steinbock auch ein weibliches Zeichen. Aber er ist auch ein negatives Erdzeichen und ein Kardinalzeichen; das bedeutet, daß sie sich nicht gern von einem Mann dominieren läßt; auch wird sie sich nicht auf Gefühle einlassen, die ihre Urteilsfähigkeit beeinträchtigen oder sie dazu veranlassen, einen Fehler zu begehen.

Die Steinbock-Frau ist ungeheuer praktisch veranlagt und besitzt einen überaus gesunden Menschenverstand.

Der Stier-Mann bewundert ihren gesunden Menschenverstand und ihren Sinn fürs Praktische, weil auch er diese Fähigkeiten besitzt, aber er ist wahrscheinlich schockiert (oder verletzt) über ihren Mangel an Empfindsamkeit. Dies kann ihn zu einem ständigen Auf und Ab in seinen Gefühlen ihr gegenüber treiben.

Eifersucht ist bei diesen beiden wahrscheinlich kein Problem. Weder der Stier noch der Steinbock ist tödlich getroffen, im emotionellen Sinn, wenn der Partner ein einziges Mal untreu wird, so wie es ein Feuer- oder Wasserzeichen sein würde. Die beiden fühlen sich eher, als hätte ihnen jemand einen wertvollen Besitz geraubt. Der Stier macht keinen Unterschied in seiner Entrüstung, ob ein Eindringling nun die Zuneigung seiner Frau oder seinen Wagen oder sein Scheckheft stiehlt. Ein Steinbock-Mädchen wird ebenso verärgert sein, wenn eine Frau mit ihrem Mann flirtet, als wenn sie diese dabei ertappt, daß sie gerade ihre von der Mutter geerbte Bettdecke oder die antike Uhr von ihrem Vater stiehlt.

Wenn man erkennt, wie schmerzhaft es für den Stier oder den Steinbock ist, sich von Geld oder von materiellen Dingen trennen zu müssen, kann man verstehen, daß Untreue für sie nicht das Allerschlimmste ist. Weder Steinbock-Frau noch Stier-Mann neigen dazu, eine sichere Beziehung oder eine Ehe wegen einer einzigen Treulosigkeit über Bord zu werfen.

Sexuell passen die beiden sehr gut zusammen; ihre körperliche Beziehung ist für gewöhnlich befriedigender, wenn der Mann Stier und die Frau Steinbock ist, und nicht umgekehrt. Er ist ein ruhiger, sinnlicher Liebhaber, voller erotischer Fähigkeiten, um ihre Leidenschaft zu wecken, doch auch in der Lage, sich selbst mit ehrlicher Zuneigung, mit Respekt vor dem Sex (und vor ihrer Weiblichkeit) auszudrücken, wie sie es verlangt. Sie ist weder die Frau, die stundenlang einleitende Liebesbeteuerungen und sentimentales Geflüster vor ihrer körperlichen Vereinigung erwartet, noch wird sie von ihrem Liebhaber oder Ehemann verlangen, daß er Stunden damit verbringt, sie schlaftrunken zu liebkosen, nachdem die Leidenschaft ihrer Liebe erfüllt ist. Das natürliche, stille Gefühl der Gemeinsamkeit, das der sexuellen Vereinigung folgt, befriedigt sie und gibt ihr ein Gefühl der Vollkommenheit. Es ist kein Wunder, daß diese Frau den Stier erfolgreicher ködern kann als eine flammende Feuerzeichen-Frau (die ihm vielleicht Angst einjagt) oder ein veränderliches Luftzeichen-Mädchen (das ihn vielleicht verwirrt).

Der Stier braucht jedoch vielleicht mehr als fünf Minuten, um *ihr seine* Verehrung zu zeigen. Da die Steinbock-Frau nicht dazu neigt, sich vor ihren ehelichen oder vor anderen Pflichten zu drücken, wird sie versuchen, sich der ruhigeren Art des Stiers anzupassen. Manche Steinbock-Frau neigt dazu, wegen bitterer Erinnerungen an Liebesleid in ihrer Jugendzeit, Sex von der Liebe zu trennen. Vielleicht ist der Stier in einer ähnlichen Lage, und sogar aus dem gleichen Grund. (Stiere und Steinböcke haben ein unglaubliches Erinnerungsvermögen.) Aber gemeinsam können sie einander lehren, wie gut ihre Wünsche und Träume zusammenpassen; sie wird durch seine Zärtlichkeit neue romantische Träume träumen können, während er allmählich die schmerzhaften Erinnerungen an die Vergangenheit vergißt, wenn die zärtliche Steinbock-Frau diese durch warme, liebende Bilder zukünftiger Erinnerungen ersetzt.

Der typische Stier ist seiner Familie ungewöhnlich treu ergeben, was ein gutes Zeichen ist, da es ihm helfen wird, die Anhänglichkeit der Steinbock-Frau an ihre Familie zu tolerieren. Denn die Steinbock-Frau wird sich noch um ihre Familie sorgen, wenn sie selbst schon über hundert Jahre alt ist. Wenn nicht ein traumatisches und tragisches Erlebnis in ihrer Jugendzeit eine Neurose oder bittere Enttäuschung hinterlassen hat, werden diese beiden und ihre Familien nie einsam sein, und das Gästezimmer wird immer belegt sein. Der Stier wird wohlwollend mit dem Verhalten seiner Steinbock-Frau ihren oder seinen Verwandten gegenüber einverstanden sein.

Steinbock-Mann – Stier-Frau

Die Stier-Frau vergißt bestimmt nicht den Tag und die Stunde, als sie einem Steinbock-Mann begegnete, dessen Mond- oder Aszendentenzeichen ein Erd- oder Wasserzeichen ist, besonders wenn ihr Mond- oder Aszendentenzeichen ebenfalls eines dieser Elemente aufweisen, als sie geboren wurde. Addiert man diese Planeten-Harmonie und die mächtige, verträgliche 5:9-Sonnenzeichen-Kombination, so kommt es sehr selten vor, daß Stier und Steinbock nicht augenblicklich die guten Aussichten für ihre gemeinsame Zukunft erkennen. Es ist, als hätte man den Hauptgewinn mit dem letzten Einsatz des Vertrauens gewonnen, nachdem man schon zu viele Träume verspielt hat; ein besonders herzerwärmender Gewinn für Stier und Steinbock, da die beiden sich selten auf ein Glücksspiel einlassen. In jeder Hinsicht.

Es ist keine leichte Aufgabe, zwei Erdzeichen davon zu überzeugen, daß ihre Liebe – oder auch alles andere – vom Schicksal vorausbestimmt ist. Stier und Steinbock glauben gewöhnlich nur an das, was sie sehen, hören, riechen und fühlen können, an etwas Greifbares. Doch sind die Engel zweier Menschen, die kosmisch auf eine Vereinigung programmiert sind, sehr beharrlich und geben nicht auf, bis ihre Mission erfüllt ist.

Die natürliche Anziehung zwischen Steinbock und Stier sowie zwischen allen von der 5:9-Kombination beeinflußten Liebenden erweckt vielleicht den Anschein, daß ihre Beziehung frei von atmosphärischen Störungen ist. Das muß aber nicht unbedingt wahr sein. Der 5:9-Einfluß verleiht dieser Beziehung wegen der gegenseitigen Zuneigung ihrer Sonnenzeichen lediglich die Gabe, mehr Belastung ertragen zu können als die meisten anderen Sonnenzeichen. Spannungen werden leicht und mit weniger Bitterkeit gelöst, gegenseitig beigebrachte Wunden sind weniger schmerzhaft, und Versöhnungen sind öfter möglich. Die beiden haben auch ihre Probleme, doch müssen wirklich ernsthafte Schwierigkeiten auftauchen, um einen ständigen Bruch zwischen diesen beiden von einer 5:9-Sonnenzeichen-Kombination begünstigten Menschen herbeizuführen, wenn sie sich zu einem gemeinsamen Leben entschlossen haben.

Stier und Steinbock sind beide von dem gleichen Wunsch motiviert – Sicherheit. Emotionelle und finanzielle Sicherheit. Wenn nicht das Mond- oder Aszendentenzeichen von einem der beiden oder gar von beiden ein Wasser- oder Luftzeichen ist, besitzen sie gewöhnlich nicht die hochfliegende Phantasie, die von Dichtern und Träumern als absolute Notwendigkeit für romantische Liebe angesehen wird. Doch haben sie beide eine Eigenschaft, die besonders notwendig für die Festigkeit jeder menschlichen Beziehung ist – Geduld. Und Geduld ist eine Tugend, die Verehrung, Vertrauen und Treue hervorbringen kann – jene drei magischen Voraussetzungen, die aus einer unverbindlichen Affäre, die nur auf einer körperlichen Anziehung beruht, tiefe und dauerhafte Liebe werden läßt.

Auf den ersten Blick erscheint die Stier-Frau nicht so, als ob sie vor Gefühl überschäumen würde, doch sind sprudelnde Quellen davon in ihr, die der richtige Mann bloß entdecken muß. Obwohl sie nach außen nüchtern und sachlich erscheint, zeigt sich diese Empfindsamkeit in ihrer starken Anhänglichkeit an ihr Heim, ihren materiellen Besitz, ihre alten Liebesbriefe, ihre Kinder und ihren Mann. Sie widersetzt sich krassen Veränderungen, auch wenn sie damit einverstanden zu sein *scheint*. Doch auch geringfügige Veränderungen ihrer persönlichen Gewohnheiten liebt sie nicht. Denn was ist der Wunsch nach Veränderung anderes als fehlende gefühlsmäßige Bindung an bereits bestehende Dinge? Daher bedeutet ihr Widerstand genau das Gegenteil – ein Übermaß an Gefühl für das Bestehende und schon Vergangene. Und genau das ist die Eigenschaft, aus der Empfindsamkeit hervorgeht.

Gut, sie ist also sentimental. Und sanftmütig. Aber sie hat einen Dickkopf. Sie weiß, was sie will, und sie wird ihre Ziele verfolgen, auf ihre entschlossene, äußerlich ruhige und besonnene Weise. Die Stier-Frau kann warten, sie wird nie übereilt handeln, ein Charakterzug, den der Steinbock-Mann an ihr unwiderstehlich weiblich findet. Er verkörpert das Äußerste an weiblicher Sexualität – Passivität –, was für ihn die Unterwerfung unter seine dominierende, maskuline Stärke bedeutet. Diese Tatsache wird dem immer recht konservativen Steinbock gefallen und ihn reizen. Deshalb wird er auch ihre Halsstarrigkeit nicht bemerken, weil er von ihrer sanften Art und ihrem liebenswürdigen Auftreten so entzückt ist und sich selbst als mannhaften Eroberer sieht.

Das Stier-Mädchen wird selten seine sorgfältig gehütete Energie darauf verschwenden, öffentlichen Beifall oder private Anerkennung zu suchen. Wenn sie sich einmal eine feste Meinung gebildet hat und sich im Recht glaubt, verlangt sie nur, daß man sie in Ruhe läßt; sie will nicht von denen belästigt werden, die anders denken als sie.

Der Steinbock-Mann versucht dagegen stets, öffentlichen Beifall oder private Anerkennung zu finden. Im geheimen möchte er den Gipfel seines Ziels oder seiner Träume erklimmen, dann die Macht an sich reißen, weit weg von der lärmenden Menge und nicht verärgert von dem kindischen Benehmen, das er überall sieht. Je ruhiger ein Steinbock ist., desto mehr sehnt er sich innerlich nach diesem Ziel. Sagen Sie ihm, daß er nicht geschätzt wird, und er wird, wie die Stier-Frau, mit den Schultern zucken. Vielleicht murmelt er dann auch in der gleichen Weise wie sie ein »Ist-mir-egal«. Doch in seinem Innersten fühlt er sich frustriert und flüchtet sich darüber in Zahnschmerzen oder Magenschmerzen, verletzt sich mehrmals die Woche am Knie oder bekommt nervöse Zuckungen. Er wird versuchen, die Meinung der anderen über ihn günstig zu beeinflussen, sobald er dazu eine Möglichkeit sieht, ohne den Eindruck zu erwecken, daß ihn diese Mißfallensäußerung etwa geärgert haben könnte. Respekt und Bewunderung von Geschäftspartnern, Freunden, Verwandten und Nachbarn ist lebenswichtig für den Steinbock. Der Stier weiß eine Anerkennung zwar auch zu schätzen, aber im Gegensatz zum Steinbock reagiert er auf gelegentliche Kritik oder Mißfallensäußerungen nicht zerknirscht. Die Stier-Frau kennt vielleicht sein Geheimnis, aber sie ist zu taktvoll, um ihm zu sagen, daß sie den Schmerz kennt, den er fühlt, wenn er von anderen nicht anerkannt wird. Viele Emotionen bleiben zwischen diesen beiden unausgesprochen – und sind doch tief und bindend ... und werden durch Wege übertragen, die nur ihre Herzen kennen.

In der sexuellen Beziehung dieser beiden nimmt sie vielleicht manchmal unbewußt eine etwas herablassende Haltung ihm gegenüber ein. Die Stier-Frau ist besser für die Intimität der sexuellen Vereinigung vorbereitet als der Durchschnitts-Steinbock, weil ihre hochentwickelten Sinne des Hörens, Sehens, Riechens, Geschmacks und Berührens auch ihre Fähigkeit steigern, die Liebe auf sanfte Art körperlich auszudrücken. Auch ist sie geschickter als er, ihre Zuneigung durch gefühlvolle Worte und Gesten zu zeigen (obwohl sie es nicht übertreiben wird). Es werden sich aber, besonders zu Beginn ihrer Beziehung, selten Situationen ergeben, in denen sich der Steinbock durch ihre überlegene Begabung für rein erotische Sinnlichkeit als schlechter Liebhaber fühlt. Seine körperliche Annäherung ist intensiv und direkt, zeigt wenig Feingefühl. Er neigt dazu, die Erfüllung seiner Leidenschaft ohne Umschweife zu suchen, und obwohl es ihm nicht an Zärtlichkeit mangelt, könnte es manchmal doch so scheinen.

Doch Zärtlichkeit kann erlernt werden, wenn sie, wie immer bei Steinböcken, im verborgenen schon vorhanden ist. Sie kann unter seiner nüchternen und sachlichen Art begraben sein, doch ist sie ein wertvoller Schatz, der es wohl wert ist, mit Ausdauer gesucht zu werden. Wenn sie ihre großen Reserven an Geduld und Zärtlichkeit benutzt, um ihn zu führen, wird auch er sich eifrig bemühen, ihr Verlangen, das nicht weniger intensiv als das seine ist, in ihrer gemeinsamen sexuellen Vereinigung zu stillen. Für den Steinbock ist es nicht leicht, seine stärksten Sehnsüchte auszudrücken. Die Stier-Frau kann, wenn sie ihren

Instinkten folgt, ihm helfen, die zurückgehaltenen Emotionen, die er so sehnsüchtig ausdrücken will, freizusetzen.

Eine falsche Vorstellung, die viele von Saturn beherrschte Steinbock-Menschen (beiderlei Geschlechts) hegen, ist ihre Neigung, zu erwarten, daß die Liebe traurige Erfahrungen bringt . . . wegen früherer erlittener Enttäuschungen. Da sein körperliches Verlangen so stark wie das aller Männer ist, kann das gelegentlich dazu führen, daß er Sex und Liebe trennt. Für ihn ist es recht praktisch, das Verlangen des Fleisches durch Sex zu befriedigen, ohne durch die Liebe schmerzhafte Wunden zu erleiden. Da sie von Venus beherrscht ist, trägt die Stier-Frau die Verantwortung dafür, ihren schüchternen, lustigen, liebevollen Steinbock die ewige Wahrheit zu lehren, daß diese beiden Verlangen nicht getrennt werden können, wenn sie beide vollkommen befriedigt werden wollen.

Hie und da begegnet man einem Steinbock, der völlig aus den irdischen Bausteinen Selbstsucht, Kälte, Sinn für das Praktische und aus Ehrgeiz zu bestehen scheint. Hie und da begegnet man einer Stier-Frau, die aus den irdischen Bausteinen Sturheit, gesunder Menschenverstand, Ehrgeiz und alten Gewohnheiten zu bestehen scheint. Doch in beiden Fällen sind dies nur Masken, um die Liebe auf Distanz zu halten, und genau so wollen es auch diese beiden.

Dieser Mann und diese Frau messen ihren Herzen zuviel Wert bei, um sie einfach bei einer Versteigerung zu veräußern. Doch wenn eine Stier-Frau zärtlich die Hand des Steinbocks ergreift und ihm tief in die Augen sieht, still . . . schenkt der Steinbock ihr gern sein Herz. Und ebenso wird sie ihm ihr Herz schenken, wenn sie entdeckt, daß er ihr wohlgehütetes Geheimnis (so wohlgehütet wie sein eigenes) erraten hat – daß auch sie romantische Träume träumt.

Die Steinbock-Zwillinge Beziehung

Eine Möglichkeit, dem Steinbock das Sonnenzeichen Zwillinge zu erklären, wäre, daß es sich bei diesem um ein Luftzeichen handelt und daß von Merkur beherrschte Menschen deshalb dem Wind sehr ähnlich sind. Der Wind ist unsichtbar und doch stark; er kann ein Freund sein oder ein Feind. Manchmal reißt er ganze Häuser nieder – manchmal auch wieder nicht. Beim Wind weiß man eben nie so genau, woran man ist – und beim Zwilling auch nicht.

Falls sich der Zwilling seiner rednerischen Begabung allzu reichlich bedient, wird er damit schwerlich die Bewunderung des schweigsamen Steinbocks erringen. Die meisten Steinböcke hören zwar gerne passiv den Klatschgeschichten über bekannte Persönlichkeiten zu, selbst nehmen sie jedoch selten daran teil (am Klatsch, meine ich; zur Teilnahme am Ruhm ist der Steinbock immer bereit). Für Saturn, den beherrschenden Planeten des Steinbocks, ist Vorsicht die Mutter der Weisheit, ob beim Reden oder Handeln.

Wir haben es hier mit einer 6:8-Sonnenzeichen-Kombination zu tun; das bedeutet, daß Selbstaufopferung – in welcher Form auch immer – ist ein fester Bestandteil dieser Verbindung, sei es nun im Familienkreis, Geschäftsbereich, Freundeszirkel oder in einem Liebesverhältnis. Schließlich muß eben einer Opfer bringen, wenn zwei Menschen so grundverschiedene Charaktere haben wie diese beiden.

Der Steinbock kleidet sich mit altmodischer, aber vollendeter Eleganz; auch die Ansichten mancher Steinböcke riechen geradezu nach Mottenkugeln. Im allgemeinen verachtet dieses Sonnenzeichen moderne Möbel – es neigt mehr zum Traditionellen, Alten, Dauerhaften. Soll doch der Zwilling den Gedankengängen moderner Denker folgen und sein Heim mit Plastik und glänzendem Chrom dekorieren. Unserem Steinbock erscheint das Bewährte und Echte die vernünftigere Lösung. Nun wird niemand den vorrangigen Wert des Kunsthandwerks bestreiten wollen – jedenfalls würde mir das niemals einfallen. Dem Zwilling könnte diese Idee schon eher kommen, denn als ein von Merkur beherrschter Mensch kann er sich in einer Diskussion für ein x-beliebiges, völlig schwachsinniges Argument einsetzen und es vernünftig und durchführbar erscheinen lassen – allen außer dem Steinbock. Dieser fällt nur sehr selten auf die Überredungskünste des Zwillings herein. Tritt dieser seltene Fall dann wirklich einmal ein, so durchschaut er das geistige Manipulationsspiel recht schnell; er spürt, daß mit falschen Würfeln gegen ihn gespielt wird und zieht sich zurück, fest entschlossen, sich nicht ein zweites Mal in einem unbedachten Augenblick erwischen zu lassen.

Im Steinbock spiegelt sich – mehr als nur andeutungsweise – die Pracht und die Heiterkeit der Natur wider. Er hat etwas von der würdevollen Haltung des Steinbocks in den Bergen. Das alles hat für den ruhelosen Zwilling, der verzweifelter, als er es je zeigen oder zugeben würde, nach innerer Ruhe sucht, natürlich eine sehr große Anziehungskraft. Der ernste, aber doch liebenswürdig sanfte Steinbock bietet oft die sicher-ruhig-vernünftige Grundlage für emotionale Sicherheit, die der Zwilling braucht und in der er Trost findet. Für den Zwilling bewegt sich das Leben so schnell, daß es ihm häufig wie ein verschwommenes, furchteinflößendes Etwas erscheint, und gelegentlich tut es not, daß seine heftige innere Erregung beschwichtigt wird.

Doch umgekehrt kann auch der Steinbock vom Zwilling etwas lernen. Mit seiner unschuldigen Ichbezogenheit und seiner geistigen Unabhängigkeit und Neugier ist es dem Zwilling auf wunderbare Weise möglich, jedes Buch, das er je gelesen, jeden Film, den er je gesehen und jede Symphonie, die er je gehört hat, vorübergehend zu seinem Reich zu machen – sich so frei und natürlich in der sogenannten Phantasiewelt zu bewegen, als wäre es das Land seiner Geburt.

Der Zwilling kann dem Steinbock daher das kostbare Wissen vermitteln, wie man die Welt der Literatur, der Musik und der Kunst nicht nur als flüchtiger Besucher kennenlernt – er selbst lebt ja in dieser Scheinwelt. Der Steinbock kann daraus nur gewinnen, denn für ihn ist es äußerst schwierig, einen anderen Ort als die Erde als Wirklichkeit zu begreifen, so sehr ist er in dieser verwurzelt, und so praktisch und nüchtern ist seine Einstellung – auf bewußter wie auch auf unbewußter Ebene.

Erstaunlich viele Steinböcke befriedigen ihre seelischen Bedürfnisse, indem sie sich eingehend mit Kunst beschäftigen. Sie sammeln Kunstwerke, haben ihre Freude an ihnen, werden auch manchmal zum Kunstmäzen – oder sie malen, skizzieren oder zeichnen selbst. Manche wenden sich auch der Schauspielkunst zu oder werden zu Schauspieldichtern; einige wenige widmen sich auf irgendeine Weise der Musik. Doch was immer der Steinbock ist und was er auch macht, stets bleibt er mit beiden Beinen fest auf der Erde stehen.

Der Steinbock neigt zur Schweigsamkeit, während dem Zwilling ein großer Hang zur Mitteilsamkeit angeboren ist. Wer von den beiden hat nun recht? Beide – jeder auf seine Weise – solange sie sich damit nicht gegenseitig dabei stören, ihren eigenen Angelegenheiten nachzugehen (wie immer, beziehe ich mich hierbei auf beide Geschlechter). Bei diesen beiden Sonnenzeichen wären *gemeinsame* Angelegenheiten etwas Rares – die Wörterbuch-Definition von »rar« reicht jedoch von »selten, knapp« bis hin zu »begehrt und kostbar« – von rarer Schönheit.

Steinbock-Frau – Zwillinge-Mann

Flüchtig betrachtet, haben beide Sonnenzeichen das Geschlecht, das sie auch haben sollten. Ihr Zeichen ist feminin, das seine ist maskulin. Das heißt – nun, ganz so einfach ist es doch nicht. Es stimmt zwar schon, daß der Steinbock ein feminines Zeichen ist, aber zugleich wird er von dem großen alten Mann Saturn beherrscht, der eindeutig und durch und durch männlich ist. Der Zwilling dagegen ist zwar ein maskulines Zeichen, wird aber vom ränkevollen Merkur, diesem größten aller Scharlatane, beherrscht, von einem Planeten also, dessen Vorliebe für Täuschungsmanöver bekannt ist und der von maskulin zu feminin und wieder zurück zu maskulin wechseln kann. Kurz und gut, es wird Schwierigkeiten geben, die zwar nicht gerade unüberwindlich, aber doch gelegentlich recht lästig sind. Vielleicht wäre »frustrierend« die treffendere Bezeichnung dafür.

Es kann schon sein, daß er sie gelegentlich der Gefühl- und Teilnahmslosigkeit bezichtigt oder daß sie ihm seinen Launenhaftigkeit und emotionale Unreife zum Vorwurf macht. In gewisser Hinsicht hat sie diese Eigenschaften ja wirklich – geradeso, wie auch er bis zu einem bestimmten Grad die ihm vorgeworfenen Charakterzüge besitzt. Die Steinbock-Frau kann jedoch auch zärtlich und treu sein und vor humorvollem Witz nur so sprühen, wenn sie dabei nur fühlt, daß sie sich auf sicherem Grund befindet und nicht auf dem wankenden Boden ständiger Veränderung und Bewegung – einem Boden, der plötzlich aufklaffen und sie verschlingen könnte. Und der Zwillinge-Mann kann eine Wahrheit projizieren, die viel lebendiger ist, als ihr bewußt wird, wenn ihm dazu nur die Freiheit des Ausdrucks zugestanden wird, die er benötigt, und ihn niemand mit Mißtrauen und deprimierenden Zukunftsprognosen verfolgt. Kritik und Gefühlskälte bringen nie die beste Seite im Zwilling zum Vorschein.

Möglicherweise ist sie diejenige, die sich um die Geldangelegenheiten kümmern sollte. Nicht etwa, daß er mit Zahlen nicht schnell und geschickt umgehen könnte – manchmal ist er darin vielleicht zu schnell und zu geschickt. Nein, es ist nur eben so, daß sie es besser versteht, Geld vernünftig auszugeben und klug anzulegen; sie hat eine glückliche Hand dafür, den Kontostand immer höher steigen zu lassen, während er oft ein wirkliches Talent dafür hat, ihn tiefer und tiefer sinken zu lassen.

Infolge ihrer angeborenen Neigungen (und Abneigungen) gleicht ihre sexuelle Beziehung, was die Heftigkeit betrifft, wahrscheinlich nicht gerade immer einem schwelenden Vulkan. Eigenartigerweise stillt sie jedoch oft das ihnen gemeinsame Verlangen nach einer physischen Liebe, die tröstliche Nähe gewährt, aber nicht allesverzehrend ist. Sogar in den allerintimsten Augenblicken braucht er dieses Gefühl der Unabhängigkeit und Freiheit – und bei ihr ist es überraschenderweise nicht anders. Angesichts des starken Einflusses, den Saturn auf sie ausübt, gibt sich die Steinbock-Frau wahrscheinlich niemals und mit niemandem ganz der Leidenschaft hin, zumindest nicht wirklich und wahrhaftig und ohne jeden Rückhalt. Der Zwillinge-Mann, der ja im Kern seines Wesens aus zwei Männern besteht, unterscheidet sich darin kaum von ihr. Eine seiner Hälften beobachtet die Gefühlsverwicklung aus sicherer Distanz – die andere empfindet und erlebt. Auf diese Weise, auf der Bewußtseinsebene des Merkur, macht das Sonnenzeichen Zwilling seine Erfahrungen.

Er fühlt sich glücklicher, wenn er viel reisen kann; bei ihr ist es genau umgekehrt. Sie gehört nicht zu den Frauen, die ein Zelt aufbauen und es dann als ihr Heim betrachten können. Bei diesem Sonnenzeichen gibt es zwar auch eine ganze Menge Karrierefrauen, im Grunde genommen fühlt sich die Steinbock-Frau jedoch zufriedener, wenn sie in den eigenen vier Wänden bleiben kann, als wenn sie ein Nomaden- oder Zigeunerleben führen müßte.

Wahrscheinlich haben sich die beiden – so wie es bei der 6:8-Sonnenzeichen-Kombination häufig der Fall ist – nur deshalb kennengelernt, weil sie ein Dritter einander vorstellte oder auf irgendeine andere Weise zusammenführte. Zwilling und Steinbock fühlen sich nur selten ganz von alleine magnetisch zueinander hingezogen. Haben sie einander jedoch erst einmal bemerkt, so fangen die 6:8-Schwingungen zwischen ihnen mit ständig zunehmender Heftigkeit zu vibrieren an.

Der Zwillinge-Mann treibt oft eine ganze Menge Unfug, doch dient ihm dies häufig nur zur Tarnung. Er hat nämlich das Gefühl, daß ihm die Leute die nackte Wahrheit sowieso niemals glauben würden, da sie viel zu augenfällig ist. Und so verschleiert er sie eben.

Die merkurische Zwillinge-Wahrheit läßt sich immer von zwei einander genau entgegengesetzten Blickwinkeln aus betrachten. Der Steinbock dagegen neigt zu völliger Aufrichtigkeit, die für seine Wahrheit mit zwei Seiten wenig oder auch gar keinen Raum übrig läßt. Möglicherweise empfindet der Zwillinge-Mann diese Einstellung als zu streng, da er ja seinen Gedanken nur dann weiterhin freien Lauf lassen kann, wenn das Resultat ab und zu offen bleibt, um so individuell interpretiert werden zu können.

Sie sähe es gerne, daß er sich einen Beruf mit guten Zukunftschancen sucht und auch schon in der Gegenwart ein vernünftiges Einkommen vorweisen kann. Wahrscheinlich besteht sie auch darauf, daß sie irgendwann einmal ein eigenes Haus besitzen, denn der Steinbock ist nicht gerade darauf versessen, in einer Miets- oder Eigentumswohnung zu leben, in der er es ständig mit Nachbarn zu tun hat. Unser Zwillinge-Mann dagegen braucht diese Art von Sicherheit im Grunde nicht – das Sichverwurzeltfühlen zählt normalerweise nicht zu den Bedürfnissen dieses Sonnenzeichens. Mit einer Million in bar und einem Hundertmarkschein auf der Bank ist er glücklicher als mit einem Hunderter in der Tasche und einer Million auf der Bank; bei der ersten Variante fühlt er sich stärker herausgefordert. Bei ihr ist es wieder genau umgekehrt.

Fängt ihre Beziehung an, brüchig zu werden, so fällt es der Steinbock-Frau nicht leicht, dies zu akzeptieren. Wenn sie sich einem Mann erst einmal ganz geschenkt hat, kann sie dieses Geschenk nicht wieder zurücknehmen, ohne dabei sehr zu leiden. Es gelingt ihr nicht, sich so schnell zu verändern wie er. Ist sie verliebt, so will sie, daß es für alle Zeiten so bleibt. Falls und sobald sie jedoch einsieht, daß dieses »für alle Zeiten« in einer Sackgasse endet, kommt es im allgemeinen zu keinen hysterischen Auftritten mit Tränen und Vorwürfen, zu keiner übertriebenen Zurschaustellung von Gefühlen. Sie dreht sich ganz einfach um, verbirgt ihre Tränen, geht davon und kommt nicht mehr zurück. Wenn es keine andere Möglichkeit mehr gibt und ein einschneidender Eingriff im Gefühlsbereich notwendig wird, gelingt es keinem anderen Sonnenzeichen, (an der Oberfläche) so wenig sentimental zu sein wie der Steinbock. Und trotzdem . . . noch während sie davongeht, bricht ihr zartes Herz, und ihr Schmerz wird nur noch stärker dadurch, daß sie ihn in ihrem Inneren verschließt – ihn alleine erträgt.

Steinbock-Mann – Zwillinge-Frau

Wie kurz oder lang die beiden auch zusammensein mögen, nie wird der Steinbock-Mann herausfinden, warum es der Zwillinge-Frau nicht möglich ist, deutlich zu sehen, was für ihn doch so offenkundig ist: die Folgen nämlich von Wort und Tat, die unweigerlich entweder in Lohn oder in Strafe bestehen.

Ihrer Art der Betrachtung zufolge liegt sein Fehler darin, daß er die materielle Welt als Wirklichkeit ansieht und die Phantasie als davon abgegrenzten unterhaltsamen Zeitvertreib abtut. Ihr eigener Geist ist ständig damit beschäftigt, Untersuchungen und Berechnungen anzustellen, zu analysieren, zu erforschen und sich vom Wind davontragen zu lassen – das alles zur selben Zeit –, und dies kann dazu führen, daß zwei Welten – die »wirkliche« Welt und die Welt der Phantasie, der Möglichkeiten – zu einer einzigen verschmelzen.

Solch merkurisches Verhalten löst beim Steinbock nacheinander verschiedene Reaktionen aus. Zunächst reagiert er erregt, dann – nach einer Weile – schlägt diese Erregung in Besorgnis um. Nichts von dem, was sie sagt oder tut, ergibt aus logischer und praktischer Sicht gesehen irgendeinen Sinn für ihn. Schließlich wird seine Besorgnis zu Unnachsichtigkeit – und dann wendet er sich ab. Hat der Steinbock erst einmal beschlossen, daß ein Thema keiner Diskussion wert ist, so hat sich der Fall damit. Für die Zwillinge-Frau ist kein Thema jemals wirklich völlig abgeschlossen; immer steht es noch für neue Argumente und Gesichtspunkte offen. Doch trotz all ihres Charmes dürfte es für sie sehr schwierig sein, den Steinbock, hat er sich erst einmal abgewendet, dazu zu bewegen, sich ihr wieder zuzuwenden.

Die frenetische Geschäftigkeit, die der Zwilling zuweilen an den Tag legt, hat nach Meinung des Steinbocks oft etwas recht Unüberlegtes an sich. Er wird jedoch häufig genug auch zur Bewunderung Gelegenheit finden, wenn er nämlich beobachtet, auf welch erstaunliche Weise ihr Verstand funktioniert – mit größter Leichtigkeit gelingt es ihr, komplizierte Situationen zu entwirren und die Lösung für knifflige Probleme zu finden. Sie wiederum schätzt – zumindest am Anfang – seine einsichtige

Klugheit, die sich von ihrer eigenen Gewitztheit und ihrem wendigen Verstand so grundlegend unterscheidet. Nach einiger Zeit kann es jedoch sein, daß die auffallendsten Unterschiede in ihrer beider Wesen deutlicher zum Vorschein kommen. In Gesinnung, Persönlichkeit, Wesensart und Motivierung sind sie häufig durch einen meilenweiten Abstand voneinander getrennt.

Sehen wir uns jetzt ihren jeweiligen Familienkreis an. Als typischer Steinbock hat er zu Mami, Vati, Tante Emma und Onkel Kurt eine sehr enge Beziehung – und auch zu einer ganzen Wagenladung von Cousinen und Cousins. Nein, die Geschwister habe ich nicht vergessen. Wie könnte man sie auch vergessen, wenn sie doch fast ständig um einen herum sind? Und wenn sie gerade einmal nicht da sind, redet er von ihnen. Sie – als typische Vertreterin ihres Sonnenzeichens – ist ihrer Familie vielleicht auch wirklich zugetan – dies äußert sich manchmal sogar durch eine Art sorglos beiläufiger Herzlichkeit –, doch fühlt sie sich nicht gar so sehr an Familienbande gefesselt wie er. Doch da sie sich von ihren eigenen Verwandten nicht in ihrer Bewegungsfreiheit einschränken läßt, ist es nur zu verständlich, daß sie nicht gerade in Freudentränen ausbricht, wenn *seine* Verwandtschaft die ganze Zeit über um sie herumtänzelt und sie zum wichtigsten Gesprächsthema wird.

Ach ja, und dann das liebe Geld! Sie mögen es beide recht gern, nein, sie haben nicht das geringste dagegen einzuwenden. Während sie es jedoch mit beiden Händen ausgibt und sich damit amüsiert, benützt er es als eine Art emotionales Beruhigungsmittel. Solange er weiß, daß es auf der Bank liegt, kann er sich entspannen und frei atmen. Die Zwillinge-Frau hingegen kann nicht verstehen, welchen Sinn es haben soll, Geld dort einfach liegen zu lassen, wenn man es doch ausgeben könnte.

Wenn der Steinbock-Mann verwirrt, übelgelaunt oder verärgert ist, zieht er sich in den Schmollwinkel zurück, setzt eine finstere Miene auf und redet nichts mehr. Wenn sie sich in solcher Stimmung befindet, kann sie äußerst beißend und sarkastisch werden. Seine Launen lassen sich jedoch bis zu einem gewissen Grade vorhersagen. Bei den ihren ist das nie möglich.

Ab und zu trifft man auf einen Steinbock-Mann, der gerne

Geheimnisse ergründet und Rätsel löst, und ein solcher Steinbock folgt, von Faszination überwältigt, seiner Zwillinge-Frau dann auch auf die verschlungenen und sich krümmenden Pfade und Abkürzungswege des Merkur. Sie ist zierlich und weiblich, sie hat ein fröhliches Lachen und gibt an seiner Seite eine glänzende Erscheinung ab. Und der Steinbock besitzt gern eine Frau, mit der er auf andere Eindruck machen kann. Die Liebe eines solch aufregenden Geschöpfes zu gewinnen – das ist doch ganz gewiß eine erstaunliche Leistung, ein echter Erfolg, und die von Saturn beherrschten Menschen sind auf Leistung und Erfolg ja ganz versessen. Der Steinbock klettert immer nach oben; dieser Mann genießt die Aussicht vom Bergesgipfel aus, er hat es gerne, wenn andere zu ihm aufschauen und ihm ihre Hochachtung zollen.

Es gibt auch Steinbock-Männer, die sich ab und zu bei einem munteren Tanz vergnügen, vor allem dann, wenn sie schon in der zweiten Lebenshälfte sind und in aller Eile nachholen wollen, was sie in ihrer Jugend nie entdeckt, vielleicht auch aus Schüchternheit gar nie gesucht hatten; auch waren sie immer so sehr mit Leistung und Arbeit beschäftigt, daß für Vergnügen keine Zeit blieb – ebenso gibt es vereinzelt aber auch solche Steinböcke, die sich flinker bewegen, schneller sprechen und statt zur Behutsamkeit eher zur Unüberlegtheit neigen. Letztere sind jedoch eindeutig die Ausnahme zur saturnischen Regel, denn die weitaus meisten Steinböcke sind wahre Muster an Zurückhaltung. Tatsächlich sind die romantischen Ouvertüren eines Steinbock-Mannes am Anfang oft sehr ängstlich und vorsichtig, langsam und bedächtig. Er trägt wahrscheinlich dezent geschmackvolle Kleidung, lächelt sie auf eine besonders anziehend träge Weise an und zeigt dabei genau die richtige Mischung von Liebenswürdigkeit und wohltuender Bestimmtheit, um sie damit zu der Meinung zu verleiten, sie habe in ihm einen Mann getroffen, der sie versteht und der nicht gleich die Geduld mit ihr verliert.

Anscheinend fühlt er sich glücklich, wenn er ihr etwas zu Gefallen tun kann, und ist rührend dankbar dafür, daß er eine Frau hat, die er verwöhnen kann. In seinem verliebten Zustand fühlt er sich zufrieden, und sie spürt, daß er nicht zu den Männern gehört, die ihr einmal gegebenes Versprechen später dann nicht halten. Genau zu diesem Zeitpunkt stellt sich bei ihr jedoch merkwürdigerweise oft eine gewisse Nervosität ein. Schuld daran ist das Wort »Verpflichtung«. Dem Zwilling widerstrebt selbst schon die geringste Andeutung einer Verpflichtung. Wahre Liebe dauert ewig, wie es so schön heißt, und dagegen hat sie natürlich auch durchaus nichts einzuwenden; wogegen sie jedoch wohl etwas einzuwenden hat, ist das Unterschreiben irgendeines langfrisitgen Pachtvertrags für romantische Liebe. So etwas muß sich doch langsam entwickeln können. Falls jedoch ein Garantieschein erbeten, sogar erwartet wird, verstößt das gegen die Spielregeln, die der Zwilling aufgestellt hat.Im physischen Bereich harmonieren die beiden meist ausgezeichnet. Weder für sie noch für ihn hat Sexualität etwas mit dem lodernden Feuer unbezähmbarer Leidenschaft zu tun; beide suchen sie in der geschlechtlichen Vereinigung ein Mittel, um Ruhe und Trost zu finden. Im Gefühlsbereich stellen sie normalerweise keine übertriebenen Anforderungen aneinander. Allerdings kann es gelegentlich vorkommen, daß sein Verlangen nach spielerischen, physischen Zärtlichkeitsbekundungen, wie etwa nach einer herzlich ungestümen Umarmung, von ihr nicht gestillt wird.

Da ihre Verbindung von der 6:8-Kombination stark beeinflußt wird, ist die Sexualität häufig der vorherrschende, oder doch zumindest ein sehr wichtiger Aspekt in ihrer Beziehung. Möglicherweise hatte er sie schon zu Beginn physisch sehr stark angezogen, und wahrscheinlich verliert er diese Anziehungskraft auch nicht, solange sie zusammenbleiben – und das könnte, sehr zum Erstaunen all ihrer Freunde, leicht für immer sein. Aber wahrscheinlich bleiben sie auch dann, wenn sich ihre Wege getrennt haben, weiterhin gute Freunde. Das ist nicht bei allen von der 6:8-Sonnenzeichen-Kombination beeinflußten Verbindungen der Fall, bei unserem Zwillinge-Steinbock-Pärchen ist es jedoch durchaus denkbar.

Die Steinbock-Krebs Beziehung

Krebs und Steinbock stehen sich im Tierkreis genau gegenüber, in Opposition. Eine derartige Opposition bedeutet, daß zwei ganz konträre Mächte »gegeneinander kämpfen«. In unserem Fall sind das Mond (Herrscher des Krebses) und Saturn (Herrscher des Steinbocks). Man kann sich kaum etwas Kontrastreicheres vorstellen. Gewöhnlich steht der Mond für Träume, Wandlung, Aktivität oder Reisen, Erinnerungen, Nachdenklichkeit, Weichherzigkeit und Abhängigkeit. Der Saturn vertritt dagegen Realitäten, Stabilität, Umsicht, Warten, Entschlossenheit, Härte und Selbstgenügsamkeit. Wie in allen anderen 7:7-Sonnenzeichen-Verbindungen müssen Krebs und Steinbock früher oder später darüber entscheiden, welche dieser so konträren Mächte – Mond oder Saturn – vorherrschend in ihrer Beziehung sein soll. Anderenfalls wird diese Verbindung zum Schlachtfeld.

Wollen sie von Mond *oder* Saturn beherrscht werden? Ich gebe zu, das klingt sehr verwirrend. Aber es wäre zwecklos, die Schwierigkeiten zu leugnen, die überwunden werden müssen, um Harmonie in einer 7:7-Schwingung herzustellen.

Trotz der Gegensätzlichkeit ihrer Sonnenzeichen und ihrer herrschenden Planeten, Mond und Saturn, ziehen sie sich an – und stoßen sich gleichermaßen ab. Unterschiedlichkeit und Ähnlichkeit werden in dieser eigenartigen 7:7-Beziehung ganz besonders deutlich. Beide kamen sie in Zeichen zur Welt, die von negativen weiblichen Nachtkräften beherrscht werden, und haben somit den gleichen weichen Kern, den sie zu verbergen wissen. Das ist der Grund dafür, daß ihre Gefühle tief loten. Da sie beide Kardinalzeichen sind, wollen sie beide führen. Da beide sehr unauffällig und behutsam führen, merkt es der eine vom anderen erst viel später.

Eine Beziehung zwischen zwei gleich starken Führernaturen ist schwierig, so daß einer ein wenig nachgeben muß. Das wird der Krebs tun. Es ist schon ein amüsantes Bild, diese beiden Führer aus der Ferne zu beobachten, wie sie ganz heimlich, still und leise den anderen dominieren wollen, ohne aber den Verdacht aufkommen zu lassen, daß dies tatsächlich geschieht. So geschickt sie sich auch anstellen, es ist nur eine Frage der Zeit, daß sie dahinterkommen, und dann geht der intensive und entschlossene Kampf um die Vorherrschaft los.

Trotz aller Strategien hilft es dem Krebs weiter, sich zu vergegenwärtigen, daß der Steinbock bekannt dafür ist, auf sicheren Füßen zu stehen –, und dem Steinbock sei in Erinnerung gebracht, daß der Krebs einen Schritt zur Seite und zwei nach hinten macht, bevor er geradewegs nach vorn geht. Zwischen ihnen werden starke Willenskämpfe ausgefochten. Vielleicht nicht mit so viel Trara, wie bei der Opposition von Feuer- und Luft-Element in anderen 7:7-Sonnenzeichen-Kombinationen (Krebs ist ein Wasser-, Steinbock ein Erdzeichen), dafür aber ausdauernd und mit erheblich größerer Spannung.

Sind der Krebs und der Steinbock sich auch in einigen Charaktereigenschaften weder ähnlich noch unähnlich, bedeuten sie sich doch eine Stütze. Der Steinbock ist enorm ehrgeizig und liebt Komfort und Sicherheit im gleichen Umfang wie der Krebs. Weil Ehrgeiz den schnelleren Weg auf der Leiter nach oben bedeutet, lehnt sich der Krebs hier gern an, und ein Zusammenhalt ist möglich.

Beide hängen Vergangenem nach. Der Krebs befaßt sich gern mit Geschichte im allgemeinen und pflegt seine persönlichen Erinnerungen. Der Steinbock hat aus den Lektionen, die ihm das Leben in der Vergangenheit erteilte, gelernt. Darüber hinaus hat er einen leichten Hang zur Heldenverehrung. Beide fühlen sich stark zur Familie und zu Verwandten hingezogen. Einige Steinböcke haben eine arrogante Einstellung gegenüber Prestige und Ruhm, ja gegenüber allen Statussymbolen.

Auch auf Krebse und Steinböcke im Kindesalter trifft all dies bereits zu. Beide glänzen sie im Geschichtsunterricht, und sowohl der kleine Steinbock als auch der kleine Krebs werden früh beginnen, sich etwas für den Sparstrumpf zu verdienen. Der Einfluß von Saturn bringt es mit sich, daß viele Steinböcke von Natur aus wenig mitfühlend und mißtrauisch sind, Eigenschaften, die der Krebs durch sein Einfühlungsvermögen und Verständnis mildern kann.

Selten oder niemals werden sie die Leistungen der Wohlfahrt in Anspruch nehmen. Denn sie sind nicht nur sehr clever in Gelddingen, sondern haben auch eine puritanisch strenge Arbeitsmoral. In puncto Geld haben sie dieselbe Einstellung. Sie raffen und raffen soviel wie möglich davon zusammen und sehen es wesentlich lieber auf einem Sparkonto, als daß sie es ausgeben. Beide arbeiten, um Geld zu verdienen, und wenn die Arbeit darüber hinaus auch noch Spaß macht, um so besser, aber die Hauptsache ist der Verdienst.

Eine erfreuliche Bereicherung in der Beziehung dieses so ungleichen Krebs-Steinbock-Paares ist der ansteckende Humor des Krebses, mit dem er den äußerlich so beherrscht wirkenden, innerlich aber liebenswerten und einsamen Steinbock aus der Reserve lockt. Das Lachen der Krebse ist so unwiderstehlich, daß jeder mitlachen *muß*. Und so beginnt sich das ansonsten eher kühle Herz des Steinbocks langsam, aber sicher zu erwärmen. Wenn auch ganz tief in seinem Inneren verschlossen, hat der Steinbock den intensiven Wunsch, sich von den Saturn-Fesseln zu befreien, die seine Gefühle so einengen. Das ist ihm mit einem Krebs möglich, und so wird die Welt für ihn weiter und heiterer.

Wo immer der Krebs auf einen Steinbock trifft, spürt er auf den ersten Blick (selbst bei negativen Planeten-Aspekten) die starke magnetische Kraft des in Opposition stehenden Sonnenzeichens. Der ewig suchende Krebs wird bei dem beschützenden, zuverlässigen Steinbock einen sicheren Hafen finden.

Steinbock-Frau – Krebs-Mann

Um fair zu sein, beide sind nicht gerade wenig selbstsüchtig! Dies fällt auf den ersten Blick gar nicht so auf. Er ist normalerweise zärtlich, rücksichtsvoll und höflich und wirbt um die Frauen, insbesondere seine eigene Frau, wie ein Grandseigneur der alten Schule. Sie ist in gewissem Sinne sein Eigentum, und Krebse haben eine hohe Wertschätzung für ihr Eigentum. Manchmal verlangt er mehr, als er geben kann. Und wenn sie ihm nicht jeden Wunsch von den Augen abliest, ihm nicht jede Schwierigkeit aus dem Weg räumt, ja dann liebt sie ihn nicht genug, zumindest nicht so sehr wie früher seine Mutter.

Als typische Steinbock-Frau ist sie ruhig, ergeben – fast schon bis zur Selbstaufgabe – und immer zur Stelle, wenn er sie braucht. Trotzdem achtet sie darauf, daß sie nicht ausgenutzt wird. Sie besteht auf ihren Rechten, auch in einer Liebesbeziehung. Bei all ihrer Weiblichkeit hat sie einen starken Willen. Wenn sie etwas will, geht sie entschlossen und zielbewußt ihren Weg. Sie tut, was ihr Spaß macht, und wenn ihr etwas oder jemand zuwider ist, wird es oder er aus ihrem Leben gestrichen.

Die Steinbock-Frau zeichnet sich nicht gerade durch übermäßige Empfindsamkeit aus, was wiederum beim Krebs der Fall ist. Er ist sehr leicht zu verletzen, so daß sie in dieser Hinsicht behutsam mit ihm sein sollte. Er ist nicht annähernd so dickfellig wie sie. Sollte sie ihn kritisieren oder ihm widersprechen, wird er die ganze Sache nicht eher ruhen lassen, als bis sie »es zurücknimmt«, ihm versichert, daß sie ihn liebt, und ihm die Bestätigung gibt, daß er ja eigentlich gar keine Fehler hat. Zur Verteidigung seiner Position sind ihm alle Mittel recht, und er wird nicht eher ruhen, als bis sie sich nach einem Streit auf irgendeine Weise wieder versöhnt haben. Geht sie allerdings zu weit, dann zieht er sich in seinen Panzer zurück, und jegliche Verständigung ist passé. Krebse klammern sich an Argumente und ihre eigenen Ansichten genau so wie an alle anderen Dinge.

Aber er ist ein Gentleman, und unter dem kleinsten Lob und einer Ermutigung blüht er auf. Die Steinbock-Frau sollte ihm immer und immer wieder versichern, welche bedeutende Persönlichkeit er ist, damit er aufhören kann, es ihr immer klarzumachen. Er fordert als Erwachsener die gleiche verständnisvolle Behandlung, die ihm als Kind zuteil wurde. Der Krebs meint, daß diese Liebe ihm zusteht, und wird niemals aufhören, sie zu suchen.

Die typische Steinbock-Frau ist auf diesem Gebiet nicht gerade geübt. Sie ist praktisch und vernünftig. Sie meint, daß er eigentlich spüren müßte, daß sie ihn liebt, und daß ein kleiner Krach ab und zu nicht bedeutet, daß sie ihn haßt. Übertriebene Empfindlichkeit und ein Übermaß an Gefühlen machen sie eher unruhig und nervös. Sie ist keineswegs herzlos, aber verunsichert. Sie weiß nicht, wie sie auf Gefühlsausbrüche reagieren soll, und aus Angst, etwas Falsches zu tun, hält sie sich lieber ganz zurück, um ihn nicht unbeabsichtigt zu verletzen.

Sein Anspruch auf Bestätigung und Wertschätzung ihrerseits muß nicht ein unüberwindbares Hindernis zwischen ihnen sein. Er müßte seine Empfindlichkeit etwas abbauen, und sie müßte etwas zärtlicher und verständnisvoller sein. Um die Wahrheit zu sagen, möchte auch sie von ihm anerkannt werden, sie wird es aber um nichts in der Welt zugeben. Sie wird diese Anerkennung auch nicht fordern. Eine unerwartete Umarmung und ein Extra-Kuß, ein paar besonders liebe Worte, ein zärtliches Lächeln – damit könnten diese beiden sich gegenseitig reich beschenken. Beide brauchen die Zuwendung vom anderen. Er schämt sich jedoch, dies auszusprechen, und sie kann sich nicht dazu bekennen und ihre eigenen Wünsche nach Gefühlen zugeben.

Der Krebs neigt in jungen Jahren zur Schüchternheit, die er dann, je sicherer und selbstbewußter er wird, verliert. Im Laufe der Jahre entwickelt er einen wundervollen Sinn für Humor. Er ist ungewöhnlich charmant, spricht sanft, hat ein angenehmes Wesen. Darüber hinaus besitzt er einen schnellen und klugen Verstand und ist – wie sie – ein Dickschädel, Man sagt dem Krebs nach, daß er ein *weiches* Herz und einen *harten* Schädel habe (besser als umgekehrt). Von der Steinbock-Frau behauptet man, daß sowohl ihr Herz als *auch* ihr Kopf aus Granit seien. Das ist nicht fair. Ihr Herz ist das Herz einer Frau. Allerdings hat sie gelernt, es nicht auf der Zunge zu tragen, wo es so empfänglich für jeden Schlag von außen ist.

Vernunft, Vorsicht, Selbstschutz – diese Eigenschaften sind unleugbar das Vermächtnis des sie beherrschenden Planeten Saturn. Aber das ändert nicht daran, daß sie eine Frau wie jede andere ist, mit denselben Gefühlen, Träumen und Sehnsüchten. Sie ist auf eine schüchterne (und daher äußerst anziehende) Weise gefühlvoll, die viel mehr berührt, weil sie sich nicht in Beiläufigkeiten ergeht. Ihr Gefühl ist nicht unecht, sondern wahrhaftig und kommt aus dem tiefsten Herzen.

Krebse und Steinböcke nehmen ihre körperliche Verbindung ebenso ernst wie alle anderen Dinge, jedoch tun sie sich schwer, den anderen wissen zu lassen, wieviel diese Intimität ihnen bedeutet. Sie wissen nicht genau, wie sie dem anderen mitteilen sollen, daß sie erst durch ihre Liebesbeziehung die Schönheiten des Lebens kennenlernten. Ihre körperliche Beziehung kann – besonders wenn ihre Sonne-Mond-Aspekte harmonieren – vielfältig und bedeutsam sein, ein tiefes Erlebnis, das seine mächtige Anziehung aus der astrologischen Polarität, der Opposition ihrer Sonnenzeichen, bekommt.

Steinbock-Mann – Krebs-Frau

Wenn eine Krebs-Frau sich zu einem Steinbock-Mann oder wem auch immer hingezogen fühlt, sind drei Dinge für sie besonders wichtig, für deren Erfüllung sie bereitwilligst in jeden Wunschbrunnen ihre Münzen wirft. Die Reihenfolge ist vielleicht bei jeder Krebs-Frau unterschiedlich, aber bei allen geht es um

Heirat – Kinderkriegen – Geld.

Dies sind die Ziele ihrer Sehnsucht. Hinzu kommen noch drei wichtige Bedürfnisse, die für ihren inneren Frieden ausschlaggebend sind:

Zuneigung – Heiterkeit – Sicherheit.

Jeder Mann, der einer Krebs-Frau diese für sie wichtigen Wünsche erfüllt, kann sich dann dafür in ihren Gefühlen wie eingebettet fühlen. Das ist ihr Dank an ihn. Sie ist eines der sympathischsten, herzlichsten und verläßlichsten Wesen, das es unter den Frauen gibt. Wenn er sie richtig zu nehmen versteht, ist die Krebs-Frau dem Steinbock-Mann ergeben. Sie ist anpassungsfähig *und* geduldig. Sie ist die ideale Partnerin für ihn. Der Steinbock, der auf seine Art die Familien-Bande mag, ist über ihre tiefe Zuneigung gegenüber ihrer Verwandtschaft ganz glücklich. Somit ist die Anziehung zwischen Steinbock-Mann und Krebs-Frau hergestellt.

Die Krebs-Frau braucht eine starke Schulter, an die sie sich anlehnen kann, jemand, der ihre Sorgen verscheucht und sie in seine Arme nimmt, wenn sie losheulen möchte. Das Bild trügt jedoch, denn sie ist nicht ganz so hilflos, wie sie auf den ersten Blick erscheint. Krebs ist ein Kardinalzeichen mit Führungsanspruch. Wenn sie sich verliebt hat, führt *sie* die Geschicke des geliebten Mannes ganz im verborgenen auf eine unauffällige Weise. Wenn sie nicht verliebt ist, kann sie sehr ehrgeizig um eine Karriere bemüht sein und läßt sich von nichts auf ihrem Weg nach oben abhalten.

Jede Krebs-Frau sucht insgeheim ihren »Beschützer«, und den findet sie gewiß im Steinbock-Mann. Er ist ehrgeizig (wie sie) und gewöhnlich erfolgreich. Er ist der Inbegriff dessen, was sie zu sein wünscht, jedoch nicht sein kann, weil sie zu empfindlich ist. Er wiederum wäre froh, alle ihre Mond-Eigenschaften zu besitzen, aber sein Handikap ist, nicht empfindlich *genug* zu sein.

Ein Steinbock-Mann kann in hohem Maße sowohl zurückhaltend als auch dominierend sein. Was die erstere Eigenschaft angeht, macht das Krebs-Mädchen sich hier keine Gedanken, denn diese besitzt sie ja selber. Dominieren läßt sie sich aber nur in der Liebe. Wenn sie sich verliebt, wird sie sich anfangs um des lieben Friedens willen unterordnen und dann unmerklich für immer still sein, was eigentlich gar nicht so zu ihrem Schaden ist. Mit einer Ausnahme, nämlich dann, wenn das Krebs-Mädchen in seinem Geburtshoroskop ein feuriges, aggressives Mond- oder Aszendentenzeichen hat.

Mit den Steinbock-Männern hat es schon etwas Seltsames auf sich. Selbst wenn sie sich der harten Disziplin, die Saturn ihrem Wesen mitgegeben hat, zu entziehen versuchen, werden sie sich dieser im entscheidenden Moment immer wieder beugen. Mit anderen Worten: Sie können nicht über ihren eigenen

Schatten springen. Dieser Mann lehnt die »wilde« Ehe ab. Wenn es um die Ehe geht, ist er konservativ, wenn er sich auch im Gespräch progressiv gibt. Die Frau gehört an den Herd. Sollte er auch zeitweise erlauben, daß die Frau an ihrer eigenen Karriere bastelt, das ist sofort vorbei, wenn Kinder kommen. Für einen typischen Steinbock gehört die Mutter zu ihren Kindern, zumindest solange die Kinder klein sind. Er wird verhindern, daß mit seinem oder ihrem Geld leichtsinnig umgegangen wird. Selbst wenn die Krebs-Frau ihr eigenes Geld verdient, wird er es verwalten und sie bei dem geringsten Anzeichen von Extravaganz tadeln.

Dabei hat er nur selten Grund, sie in dieser Hinsicht zu tadeln, denn sie geht genauso sparsam mit jedem Pfennig um wie er (es sei denn, ihr Mond- oder Aszendentenzeichen ist Widder, Löwe oder Zwilling, aber selbst dann wird sie sich jedesmal selbst Vorwürfe machen, wenn sie verschwenderisch mit Geld umgegangen ist). Mit dieser Frau kommt er zu etwas, denn beide haben nichts anderes im Sinn, als ihren Besitz zu vermehren. Da er in einem Erdzeichen geboren ist, legt er Geld in Grund und Boden an. Er hält diese Investition für die absolut sicherste. Hat sie hierüber eine andere Meinung, wird er ihr gute Argumente für sein Handeln nennen, und damit ist für ihn die Diskussion beendet.

Er wird ihr anerkennend zusehen, wie sie Sachen aufbewahrt. Der Steinbock glaubt, daß man in allen Dingen einen praktischen Wert und eine Verwendungsmöglichkeit findet und daß nichts weggeworfen werden sollte, bevor man nicht alle Möglichkeiten ausgeschöpft hat.

Eine Krebs-Frau wird es williger akzeptieren als andere Frauen, daß der Steinbock introvertiert ist, geschäftliche Dinge mit Umsicht abwickelt und immer vernünftig handelt. Sie mag es nur nicht, daß er gegen jeden Wechsel, gegen jede Veränderung ist. Da sie von dem sich ständig verändernden Mond beherrscht wird, braucht sie gelegentlich eine Abwechslung in ihrem Leben und vor allen Dingen Reisen. Es ist für sie schwierig, ihm klarzumachen, daß man mit Veränderung das Leben insgesamt interessanter gestalten kann. Da Saturn ihn beherrscht, hält er lieber fest an dem, was er hat, ob es sich um den Wohnort oder Ideen handelt. Selbst wenn sich der Steinbock scheinbar extrovertiert gibt – der ernste alte Mann Saturn holt ihn wieder ein. Immer und unausweichlich.

Im Sexualleben reicht die Skala des Steinbock-Mannes von außergewöhnlich stürmisch und erotisch bis zu zärtlich und herzlich. Wenn seine Sonne und Venus ernstlich von dem fünften oder achten horoskopischen Haus gestört werden, läßt er sich auf viele Beziehungen ein. Der typische Steinbock hat jedoch wenige Affären, und diese zielen auf eine dauerhafte Bindung. Fast das gleiche kann man vom Liebesleben der Krebs-Frau sagen. Sie wünscht sich eine beständige Beziehung, geht aber, bis sie sie gefunden hat, durch viele Höhen und Tiefen. Eines ist gewiß. Diese Frau wird des Steinbocks Freude an der körperlichen Liebe noch vergrößern. Seine starke, ehrliche und zuverlässige Saturn-Liebe gibt ihr die Möglichkeit, in seinen Armen Ruhe und Geborgenheit zu finden, die Angst, verletzt zu werden, endgültig aufzugeben. Nach einer Zeit des gegenseitigen Austauschs wird die körperliche Liebe die beiden immer fester aneinander binden.

Steinbock-Männer können verletzend egoistisch sein. Sie neigen immer dazu, bis zu einem gewissen Grad, wenig Rücksicht auf die Gefühle anderer Menschen zu nehmen. Dann kann es sein, daß die verletzliche Krebs-Frau sich von ihm abwendet, ohne ihn den Grund dafür wissen zu lassen, und im stillen vor sich hinweint. Wenn aber die Krebs-Frau aufhört, sich selbst zu bemitleiden, und statt dessen dem Steinbock-Mann ihre ganze Liebe schenkt, wird ihr klar, wie schwer es für ihn ist, ganz aus sich herauszugehen und ihr seine starken Gefühle zu zeigen. Es lohnt die Anstrengung, ihn aus sich herauszulocken.

Die Steinbock-Löwe Beziehung

Da des Steinbocks Zauberformel »Ich brauche« ist, können Steinböcke bisweilen ein wenig egoistisch sein. Sie nennen es Selbstschutz. Genau dieses Wort benützt der Löwe, um seine unerträgliche Arroganz zu rechtfertigen. Selbstschutz. Selbstschutz gegen alle Untergeordneteren. Dies ist eine 6:8-Sonnenzeichen-Kombination, was für eine interessante Verbindung sorgt. Man hat sich damit abzufinden, daß es für den strahlenden Enthusiasmus und die heitere, warme Persönlichkeit des Löwen keine Möglichkeit gibt, sich dem einschränkenden Einfluß des den Steinbock beherrschenden Saturn zu entziehen – und daß kein Steinbock nun über die Maßen von dem Getrommle beeindruckt sein wird, das die Löwen, voll Stolz über ihre großen Fertigkeiten, vollführen. Der Löwe kann letzten Endes Steinböcke gar nicht übertreffen, denn der Steinbock steht im Schicksalsrad über dem Löwen. Der Löwe ist zweifelsohne klug und erfahren, aber der Steinbock ist klüger und erfahrener. Der Löwe ist, als festes Zeichen, ein wenig starrköpfig, aber der Steinbock ist, als Erdzeichen, starrköpfiger und darüber hinaus herrisch, da er zu den Kardinalzeichen gehört. Herrischer als der Löwe, doch ruhiger und weniger aufdringlich. Der Löwe ist ein anerkannt praktischer Organisator, aber der Steinbock übertrifft ihn eben auch auf diesem Gebiet.

Obwohl der Steinbock ein wenig verständiger und starrköpfiger ist, auch praktischer und sogar dominierender, wird in jeder engen Beziehung von Steinbock und Löwe der Steinbock das sechste Haus für den Löwen repräsentieren. Und das sechste astrologische Haus steht für »Dienst« oder »dienen«. Deshalb bestimmen die Planeten, daß Steinböcke jedem Löwen, mit dem sie eng verbunden sind, eine Art von »Dienst« – wie fein oder beiläufig auch immer – zu erweisen haben.

Löwe und Steinbock sind einer auf den anderen neugierig. Die Löwen faszinieren den Steinbock, der brennend gern wissen möchte, wie sie das geworden sind, was sie sind. Normalerweise sind Steinböcke nicht neugierig, aber Löwen stellen für sie ein Rätsel dar, das sie liebend gern lösen möchten, obgleich sie deswegen nicht ihren Schlaf darüber verlieren wollen. Der Löwe seinerseits fühlt innerlich, daß der Rat des Steinbocks gut gemeint ist, und wird ihn auch dann und wann befolgen. Nicht immer, aber dann und wann.

Der Steinbock beobachtet mit einigem Vergnügen die Extravaganzen des Löwen in Sprache und Kleidung. Im Grunde seines Herzens wünscht er sich sehnsüchtig ein bißchen von dem Wagemut des Löwen. Der Steinbock ist oft merkwürdig fasziniert von dem ungeheuren Ausmaß der Ziele des Löwen, gefesselt von dessen Großzügigkeit und Mißachtung finanzieller Sicherheit, und vielleicht sogar ein wenig neidisch auf des Löwen Mut, solch gigantische Träume zu träumen und dann auch noch die Stirn zu haben, ihnen stolz zu befehlen, sich zu verwirklichen.

Wenn den Löwen kein vorsichtiges Mond- oder Aszendentenzeichen beeinflußt, wird er sich keine großen Gedanken über schlechte Zeiten machen, noch sich sonderlich über mögliche Armut oder mögliche Fehlschläge aufregen. Es ist eine Haltung, die derjenigen des typischen Steinbocks, sich um das Morgen zu kümmern und zu sorgen, vollkommen entgegengesetzt ist. Da ist überhaupt so vielerlei völlig verschieden bei diesen beiden. Von ihrer Frisur angefangen bis zu ihrer Kleidung, von ihrer Fähigkeit, geduldig zu sein (Steinböcke haben sie, Löwen nicht) und von ihrem Umgang mit Geld (der Steinbock ist ein bißchen knausrig, der Löwe ein wenig leichtsinnig) bis zu ihrer Sprechweise (der Steinbock ist zurückhaltend und höflich, der Löwe beredt und dramatisch) und ihrer Art, ihre Vorhaben zu verwirklichen (der Steinbock ist behutsam und sorgfältig kalkulierend, der Löwe waghalsig und impulsiv) – scheint es bisweilen, als stammten diese beiden aus verschiedenen Welten.

Sollten diese beiden Planeten unter einem günstigen Aspekt stehen, wird der Steinbock für ein festes geistiges und gefühlsmäßiges Fundament sorgen, auf dem der Löwe einige dauerhafte Feuer entzünden kann, symbolisch gesprochen. Realistisch gesprochen könnte der Steinbock davon profitieren, der Zuversicht und dem Vertrauen des Löwen in die Zukunft nachzueifern, so wie der Löwe die Zuverlässigkeit eines Steinbocks (sei er ein Freund, ein Geschäftskollege, ein Verwandter, ein Ehepartner) als sicheren und angenehmen Hafen empfinden könnten, wenn Sie vor den Stürmen des Lebens Schutz suchen sollten. Konkurrenzdenken kann sie offen oder heimlich zu Feinden werden lassen. Aber wenn sie sich zusammenschließen, können sie eine feste und dauerhafte Freundschaft begründen, die wachsen kann und sich nährt aus der reichen Erde des stillen Wartens (des Steinbocks) und sich wärmt an der lebensspendenden Kraft der segensreichen Sonne des Löwen. Diese Freundschaft ist möglich, wenn sie auf ihre gegenseitigen Gefühle Rücksicht nehmen und ihre gegenseitigen, scheinbar fremden Gesichtspunkte tolerieren.

Steinbock-Frau – Löwe-Mann

Der Löwe-Mann hält sich selbst für den praktischsten Menschen. Davon ist er überzeugt. Er blickt in den Spiegel und sieht das Bild eines ansehnlichen, stattlichen und unbesiegbaren Helden, der alle Vorzüge in sich vereint. Das ist die schmeichelhafte Vorstellung, die er von sich selbst bei all seinen Unternehmungen mit anderen, weniger glücklich Begabten hat. Dann verliebt er sich in eine Steinbock-Frau. Und plötzlich empfindet er sich von Kopf bis Fuß als linkisch, als unpraktisch, vielleicht sogar als ein wenig töricht und lächerlich. Für einen Löwen ist das ein äußerst unangenehmes Gefühl.

Natürlich nimmt er das nicht so mir nichts, dir nichts hin, in ihrer Gegenwart dermaßen außer Fassung zu geraten. Was – er und außer Fassung? Er gibt vielmehr vor, Herr der Situation zu sein und legt eine kühle Gelassenheit an den Tag, die er gar nicht wirklich empfindet. Das Unbehagen beginnt, wenn er diese seltsame Art von »Belehren« an ihr wahrnimmt.Aber er ist erstaunt, als sie ihm ganz ruhig ihre Ansichten über abstrakte Kunst und die alten Meister anvertraut und was sie an den heutigen Erziehungssystemen falsch findet. Etwas Betörendes und auch Beschützendes an ihm weckt so viel Vertrauen in ihr, daß sie ihm alle diese Dinge erzählen kann. Normalerweise gibt sie ihre Ansichten nicht preis und diskutiert auch nicht offen ihre Überzeugungen. Er sollte tief beeindruckt sein von ihrem Entschluß, ihm ihre Ansichten und Gedanken offen darzulegen – was übrigens eine Art Garantieschein für diese furchtsame Frau ist, bevor sie ihm ihr Herz anvertraut. Aber ist er beeindruckt? Nein. Für gewöhnlich nicht. Er ist in Gedanken viel zu sehr mit den Bedürfnissen seines männlichen Ego beschäftigt.

Er hört ihr wohlwollend zu, mit einer Art von amüsierter Toleranz, zieht Vorteil aus ihrer ernsten Konzentration, um ihren weiblichen Charme zu studieren, und entwirft im Geist den Verführerplan, indem er genüßlich kalkuliert, wie lange es wohl noch dauern wird, bis sie entspannt in seinen Armen liegt, und . . . Moment! Sie hat eben eine Pause gemacht, um sich zu vergewissern, ob er ihr auch zugehört hat. Um ihr dann zu beweisen, daß er auch nicht ein Wort überhört hat, wird er sie voller Eifer, aber bestimmt, wegen einiger ihrer Ansichten tadeln und beneidenswert selbstbewußt das herauspicken, was sie falsch sieht.

Irgendetwas stimmt nicht. Sie ist *zu* schweigsam. Er hat sich eingebildet, sie hätte so wundervolle Augen, so freundliche, mit einem Schimmer von feinsinnigem Humor; aber warum erinnern sie ihn plötzlich an einen kühlen Bergsee? Ihr durchbohrender Blick ist so kalt wie ihre Stimme, wenn sie sagt: »Es ist schon spät. Ich muß früh aufstehen. Ich sehe Sie ja nächste Woche – vielleicht.«

Und jetzt erst erwachen in ihm jene Gefühle von törichtem und ungeschicktem Benehmen. Er fühlt sich zurückgestoßen, gedemütigt. Sie ist bloß extrem auf Selbstschutz aus, und sie hat gesunden Menschenverstand genug, sich vor einem drohenden Kampf zurückzuziehen, noch ehe ihre aufkeimende Liebe ernsthaft verwundet oder gar getötet wird. Es ist viel liebevoller gemeint, als er es überhaupt erkennt – nämlich Zeit zum Nachdenken zu fordern. Wenn er aufhören könnte, sich selbst als den Nabel der Welt zu betrachten, und mehr an sie zu denken, würde er ihre schweigsame Botschaft verstehen.

Die einzige Möglichkeit des Löwen, dieses schweigsame Wesen, das immer kühl und beherrscht scheint, jemals wirklich zu verstehen, ist, sie durch die Fenster seines Herzens zu beobachten, wenn sie meint, allein zu sein, und niemand könne ihre bewegten Gefühle sehen oder hören. Die Steinbock-Frau fühlt unbewußt, daß sie, sollte sie sich der öffentlichen Zurschaustellung ihrer Gefühle schuldig machen, in Ungnade fallen wird. Deshalb vertieft sich ihre Gewohnheit, sich selbst in der Gewalt zu haben, von Jahr zu Jahr, was einige beleidigt und sie selbst traurig zurückläßt und sie veranlaßt, sich im stillen Gedanken darüber zu machen, was sie falsch gemacht hat.

Auch der Löwe wird von Zweifeln gequält, was er falsch gemacht hat. Wenn er alles in sorgfältiger Selbstprüfung überdenkt, wird er feststellen, daß ihm einige Fehler in bezug auf die Steinbock-Frau unterlaufen sind: indem er geglaubt hat, er könne sie um den kleinen Finger wickeln – indem er ihren gesunden und durchdachten Ansichten über Angelegenheiten von vitalem Interesse nicht genügend Beachtung geschenkt – und indem er erwartet hat, sie müsse entzückt sein über sein Angebot, sie zu formen wie ein Stück feuchten Lehm, umzukrempeln zu seiner Vorstellung von der idealen Frau.

Aber die Steinbock-Frau ist nicht bereit, ihre Kleidung, ihre Haartracht oder gar ihre Meinungen um irgendeines Mannes willen zu ändern. Nicht einmal um dieses stolzen Löwen willen, der unleugbar ihre Knie weich werden läßt, wenn er ihr zulächelt, und sie veranlaßt, ebenfalls deprimiert zu sein, wenn sie fühlt, daß er traurig ist, ob sie ihr Mitgefühl nun in Worten ausdrückt oder nicht. Möglich, daß er sie allmählich verändern kann, ganz allmählich, Schritt für Schritt. Aber sofortige Veränderung, die kann er vergessen. Eine Steinbock-Frau macht nichts sofort, und königliche Befehle, sogar liebevolle, haben nur den Effekt, ihre ganze Halsstarrigkeit wachzurufen und ihren eisernen Willen noch mehr zu stählen.

Seine heitere Veranlagung und sein Selbstvertrauen beeindrucken sie öfter, als er ahnt, inspirieren sie und erhellen ihre Saturn-Schwermut öfter, als sie zugibt. Sie hört aufmerksam zu, wenn er von seinen gigantischen Zielen und zukünftigen Plänen spricht. Sie ist auf der Seite des Guten und Schönen, deshalb gefällt ihr sein Idealismus – und sie ist entschieden auf der Seite von Ehrgeiz, in allen Schattierungen und Größen. Je höher seine Ziele, um so mehr wird sie sie unterstützen, obgleich sie auch nicht zögert, Fehler zu benennen, die diese Ziele zu unrealisierbaren machen. Er sollte ihren feinfühligen Rat respektieren, ihre instinktive Weisheit hoch einschätzen und sie nicht von sich weisen. Steinböcke haben ein wundervolles Geschick, Träume in Realität zu verwandeln.

Mindestens einmal im Monat werden die beiden wegen des Geldes aneinandergeraten. Es ist nicht seine Angelegenheit, wofür sie ihr Geld ausgibt; und nicht ihre Angelegenheit, wofür er seins ausgibt. Die simple Lösung ist für Löwe und Steinbock, ihre finanziellen Angelegenheiten ein für allemal streng getrennt zu halten. Sie wird ihr eigenes Geld verdienen wollen, und er ist einfach total egoistisch, wenn er sich darüber aufregt. Sollte er sein Einkommen mit ihr teilen wollen, wenn sie verheiratet oder sonstwie liiert sind, sollte sie das akzeptieren, so wie es gemeint ist.

Worauf sie sich auch einigen – sie sollte die Freiheit haben, ihr Geld entweder auszugeben oder anzulegen, und jede Nacht die Zinsen von ihren Ersparnissen ausrechnen dürfen, wenn ihr das Spaß macht, ohne von seinen Lektionen über Geiz malträtiert zu werden. Ebenso sollte er die Freiheit haben, sein Geld den Armen zu schenken, extravagante Geschenke für sich und andere zu kaufen, ein paar Scheine für einen Traum oder eine verlorene Sache hinzublättern, oder das Holzfeuer in eisigen Winternächten damit zu entfachen, wenn das ihn glücklich macht – ohne die gestrengen Blicke ihres Mißfallens erdulden zu müssen. Das ist die einzige Möglichkeit. Geldgier tötet die Liebe.

Ihre sexuelle Beziehung hängt, da ihre Naturen so verschieden sind, von den Aspekten zwischen Sonne und Mond, ihren Aszendenten oder anderen Planeten in ihren Horoskopen ab. Sind diese ungünstig, mag er meinen, daß sie seinen Hunger nach Zuneigung und Gefühl während ihrer körperlichen Vereinigung nicht erwidern kann – und sie mag unfähig sein, ihre Liebe im sexuellen Bereich auszudrücken, wenn er ihr das Gefühl gibt, ihm nicht zu genügen, indem er Fehler in ihrem sexuellen Verhalten findet, das ihm nicht feurig genug erscheint – was alles in allem das doppelt unglückliche Resultat zeitigt: ihr das Herz zu brechen und ihre Gefühle einzufrieren.

Wenn die Planeten, Sonne und Mond mit eingeschlossen, unter einem harmonischen Aspekt zwischen den Horoskopen von Löwe-Mann und Steinbock-Mädchen stehen, kann ihre Sexualität zu einer andauernden Ekstase werden, vorausgesetzt, er läßt ihre von Saturn gezügelten Gefühle sich langsam entfalten, was ganz einfach möglich ist, wenn er sie lehrt, ihm zu vertrauen. Dann wird ihre sexuelle Beziehung die neue und aufregende Dimension von Zärtlichkeit gewinnen, und er wird mit dem Wissen belohnt werden, daß er die unvermutete Tiefe ihrer latenten Leidenschaft entdeckt und geweckt hat, die sie von da an nur noch mit ihm wird teilen wollen. Es gibt keinen wohltuenderen Balsam für einen Löwen, als zu wissen, daß er allein das Geheimnis der Sexualität seiner Frau besitzt, einen Teil ihres innersten Ich, das sie niemandem bis dahin offenbart hat – nur ihm.

Sie sollte eine kleine Karte in ihr Sparbuch legen (die sie sicherlich sehr häufig lesen wird), mit den Worten: »Ersticke seinen Enthusiasmus und seine Großzügigkeit nicht mit übertriebenen Pessimismus oder unnötigen Warnungen, und verletze nie seine Würde und seinen Stolz mit kalter Kritik, die er als ein Zurückweisen interpretieren könnte.«

Er sollte eine kleine Karte an den Spiegel in seinem Wagen stecken (die er sicherlich sehr häufig zu sehen bekommt), mit den Worten: »Sei freundlich und zuvorkommend zu ihrer Familie, halte ihr keine Moralpredigten, und geh gefühlvoll mit ihrem sanften Herzen um. Begreife, daß ihre vorsichtige Zurückhaltung der inneren Angst vor Armut und Einsamkeit entspringt. Vergiß nicht, daß sie noch mehr aufrichtige Anerkennung und Komplimente braucht als du selbst, und vergiß nicht, daß sie nur vorgibt, Gefühle und Zärtlichkeiten nicht ausstehen zu können.«

Steinbock-Mann – Löwe-Frau

Es ist immer ein leichter Schock, wenn ein Steinbock-Mann und eine Löwe-Frau sich emotional binden oder gar heiraten – eine verwirrende Überraschung für Freunde und Fremde gleichermaßen, sogar für Anverwandte. Wie kann ein konservativer Steinbock von einer extravaganten Löwin angezogen werden, die so impulsiv, so dramatisch in ihrer Sprechweise und ihren Handlungen ist, die so majestätisch fordert, daß jedem ihrer Einfälle nachgegeben wird, die erwartet, daß man sie verehrt und zu ihr emporblickt, aber sich weigert, zu irgend einem anderen aufzusehen oder gar jemanden anderen zu verehren?

Und – was kann eine warmherzige, großzügige Löwin an einem bedächtigen Steinbock finden, der eher still und nachdenklich als fröhlich und gesellig ist, der all die Geldstücke, die sie wie Konfetti um sich wirft, sorgsam zusammenklaubt, der äußerst selten Komplimente macht, der für gewöhnlich Parties haßt (wenn sie nicht einen ganz praktischen Anlaß haben), der über jeden Luxus die Stirn runzelt (wenn er nicht einen praktischen Zweck hat) und höchst undramatisch und zurückhaltend seine eigenen Gefühle beobachtet.

Der typische Steinbock möchte durch eine Heirat gesellschaftlich aufsteigen, an Ansehen gewinnen. Er ist insgeheim und ohne es zu zeigen beeindruckt von Ruhm und Erfolg. Er zieht große Befriedigung aus dem Besitz von Rang und Werten, den andere Leute bewundern und um den er beneidet wird. Ein männlicher Steinbock fühlt sich besonders von den Frauen angezogen, die seinem Herzen ein wenig Sonnenlicht versprechen, einfach weil sie die Fähigkeit besitzen, seinen Gefühlshorizont zu erweitern, wonach er sich insgeheim sehnt, wie schroff er das auch immer verneinen mag.

Die typische Löwe-Frau erreicht, verhältnismäßig früh in ihrem Leben, ein gewisses Maß von Ansehen und gesellschaftlichem Prestige, einen gewissen Grad von öffentlicher Anerkennung und Bedeutung. Die Aktivitäten einer Löwe-Frau sind vielfältig. Sonnenlicht besitzt sie im Überfluß, und ihr macht es Freude, konservativen Leuten aufregende Horizonte zu erschließen, auf jedem Gebiet, ganz gleich welchen Niveaus.

Eine Löwin braucht, um existieren zu können, die leuchtende Aura des Erfolgs um sich. Sie braucht einen Partner, den sie achten kann, einen Mann, der nicht faul ist und Erfolg hat. Sie fühlt sich von jener Sorte Männer angezogen, die ruhig und geduldig ihre gedankenlose Arroganz und ihre dramatische Art und Weise hinnehmen. Sie sucht einen Mann, der sie in der Öffentlichkeit nicht durch einen Mangel an Erziehung und guten Manieren demütigt. Sie braucht einen Mann, der genug Geld verdient, um ihre verhältnismäßig hohen Ansprüche erfüllen zu können und der ihr auch weiterhin volle Freiheit gewähren wird und ihr nicht die innere Befriedigung vorenthält, die daraus resultiert, daß sie fortwährend Besitz von sich selbst ergreifen, d. h. ihre Weiblichkeit ausdrücken kann, indem sie ihre Umwelt beeindruckt.

Ein Steinbock-Mann hat vielleicht mehr Chancen, öffentliche Anerkennung und materielle Sicherheit zu gewinnen, wenn eine Löwe-Frau ihn bewundert. Sein stiller Ehrgeiz und seine vorwärtsdrängende Entschlossenheit werden königliches Wohlwollen in ihren Augen finden. Sie wird die Tatsache zu würdigen wissen, daß sein kühler, unbeugsamer Wille ihre kühle, träge Unentschlossenheit ausgleicht. Da er niemals träge ist, erlaubt das ihr, dann und wann faul zu sein. Sein normalerweise ausgezeichnetes Benehmen findet ihren königlichen Beifall, und die schüchterne Liebenswürdigkeit, die er einigen wenigen Leuten gegenüber an den Tag legt (sie gehört zu den wenig Glücklichen), weckt all ihre warme und beschützende Zärtlichkeit. Sein Gefühl für Gerechtigkeit gleicht dem ihren. Alles in allem vermittelt ihr seine scheinbar unendliche Geduld mit ihrem feurigen Temperament ein unwahrscheinlich entspannendes Gefühl von emotionaler Sicherheit.

Doch stehen Sonne und Mond in ihrem Horoskop unter einem ungünstigen Aspekt, werden sie hart um die Harmonie kämpfen müssen. Er wird sie beschuldigen, eitel, eingebildet, verwöhnt und egoistisch zu sein; sie wird ihn beschuldigen, kalt, grausam, ehrgeizig, gefühllos und egoistisch zu sein. (Egoismus ist ein Charakterzug, den sie gemeinsam haben.) Sogar wenn ihre Planeten unter einem positiven Aspekt stehen, werden sie sich mit einigen Spannungen konfrontiert sehen.

Diese Dame, die so empfindsam und reizend, freundlich und großzügig, heiter und fröhlich und stolz ist – diese Dame braucht Geselligkeit und Freiheit, um spontan und impulsiv an irgendeinem Ereignis teilnehmen zu können, ohne vorher die formale Erlaubnis dazu von irgend jemandem einzuholen.

Sie wird ebenso dramatisch nach der Gelegenheit verlangen (oder sich, mit unausgesprochenem, gefährlich verhaltenem Jähzorn, heimlich danach sehnen), ihren eigenen Ruhmesweg in irgendeiner kreativen Tätigkeit oder herausfordernden Karriere einzuschlagen. Da der Steinbock-Mann gewöhnlich mehr ist als nur ein kleiner Besitz seiner Löwe-Freundin, mehr als nur ihr angetrauter Herd-und-Heim-Gefährte, wird er aufbegehren. Ferner liebt der Steinbock durchaus keine offene oder aktive Konkurrenz, geschweige denn heimtückischen Konkurrenzkampf (dem mißtraut er wirklich). Alles kann sich zu einem kleinen Erdbeben auswachsen, wenn er darauf besteht, genauestens von den zeitweiligen Aufenthalten und Aktivitäten seiner Dame in Kenntnis gesetzt zu werden, um sicher zu gehen, daß sie auch nichts unternimmt, was den Familiennamen auch nur im mindesten entehren könnte. Die einzige Lösung ist ein Kompromiß.

Er muß ihr schon eine gewisse Freiheit zugestehen, wenn er ein glückliches und harmonisches Heim behalten möchte – ihr auch glauben, genügend Stolz und Würde zu besitzen, weder ihm noch sich selbst Schande zu machen, wenn sie ohne ihn weggeht. Es ist wichtig, daß sein Beifall enthusiastisch ist, denn ist er neidisch, wird er ihre Beziehung um die Ruhe und Ausgeglichenheit bringen, die sie haben könnte.

Sie sollte versuchen, ihren Anteil an dem Kompromiß mit Anmut zu bewältigen. Wenn sie ihm hochmütig mitteilt, daß sie keinen Anlaß sieht, seine Erlaubnis für alls, was sie zu tun gedenkt, einzuholen, sollte er sie ruhig und liebevoll mit jenem schelmischen Steinbock-Augenzwinkern darüber informieren, daß es sich hier nicht um eine Erlaubnis handelt, sonden vielmehr um eine Konsultation. Daß sogar von Königinnen erwartet wird, daß sie sich zumindest mit ihrem Kanzler und ihren Königen beratschlagen – und dann sollte er einige historische Beispiele anführen, die das beweisen.

Diese Frau ist von Natur aus gutherzig. Menschen glücklich zu machen, bereitet ihr Freude. Hat sie einmal erkannt, um wieviel glücklicher und zufriedener sie den Mann machen kann, den sie liebt, indem sie einiges Interesse für seine Gefühle zeigt, wird sie noch zugänglicher und seinen weisen Rat noch öfter einholen, wenn sie ihre Pläne überdenkt.

Er ist ein höflicher Liebhaber, aber seine Leidenschaften reichen tiefer, als es, oberflächlich betrachtet, scheinen möchte. Nur die Frau, die den Steinbock lange genug kennt, kann die wahre Tiefe seiner Gefühle und die latente Kraft seiner Sexualität ermessen. Bevor sie, nach einigen Jahren voller Liebe, gefestigt ist, wird die Löwin zunächst noch zu ichbezogen sein, um ihre Liebe mit ihrem ganzen Sein ausdrücken zu können, und so ist da am Anfang etwas leicht Egoistisches und Oberflächliches in ihrem sexuellen Verhalten. Aber er ist geduldig und willens, auf den Reichtum zu warten, von dem er weiß, daß er unter ihrer weiblichen Eitelkeit verborgen liegt, um sich in der wechselseitigen Erfahrung zu entfalten, die ihre Beziehung vertiefen wird. Seine ruhige Art zu warten, sein beredtes Schweigen, wenn er sie berührt, werden nach und nach ihr Herz erreichen und ihr ermöglichen, die seltene Mischung von Zuneigung, Zärtlichkeit und Sinnlichkeit zu zeigen, die sich unter der Kälte jeder Löwe-Frau verbirgt. Sie ist Löwin; die wilde, reine Ekstase der körperlichen Liebe ist Teil ihrer Natur, und oft besitzt ein von Saturn regierter Mann genau die richtigen männlichen Eigenschaften, um diese Gefühle in ihr bis an ihre äußerste Grenze zu entfesseln.

Ihr natürlicher Elan und ihr vornehmes Wesen sind der Grund, weshalb er sie verehrt, und ihr edler Charakter der Grund, weshalb er sie liebt. Ihre Fähigkeit, großmütig zu sein und verzeihen zu können, mildert seine Melancholie und löst teilweise sogar seine Vorsicht auf. Er braucht ihre Wärme und Kraft wie sie seine Ausdauer und Stetigkeit. Es ist ein aufregendes Abenteuer für einen Mann und eine Frau, zusammen zu lernen und zu wachsen.

Die Steinbock-Jungfrau Beziehung

Etwas, wodurch die Jungfrauen und die Steinböcke sich sehr stark verbunden fühlen, ist ihr Wunsch, von anderen für anständig und ordentlich gehalten zu werden. Um respektiert zu werden, muß man respektabel erscheinen. Nichts ist einfacher und klarer als das.

Ein zweites starkes Bindeglied zwischen diesen beiden Erdzeichen ist ihre Einstellung zum Geld. Geld ist etwas, das man sich verdient. Es ist etwas, das man spart. Es ist etwas, das man sehr zurückhaltend und überlegt ausgibt. Geld ist etwas, das man niemals verschwendet oder sorglos um sich wirft.

Ein weiteres starkes Band zwischen ihnen ist ihr Verhältnis zu Pflicht und Verantwortung. Sowohl die Jungfrau wie auch der Steinbock wären ohne Pflicht und Verantwortung völlig verloren und hätten kein Ziel. Betraut man sie mit einer wichtigen Aufgabe, einer Pflicht, die es zu erfüllen gilt, oder überträgt man ihnen eine große Verantwortung, dann fühlen sie sich wie im siebenten Himmel.

Jungfrauen sind sehr kultivierte Frauen und Männer mit einem wachen Verstand, einer scharfen Beobachtungsgabe und einem guten Urteilsvermögen. Sie nehmen alle ihre Gefühle genau unter die Lupe und sagen dann, daß sie überhaupt nicht so sind. Die Steinböcke haben nichts an der Einstellung der Jungfrau auszusetzen. Der Steinbock hält die Vorsicht für angemessen, aus der heraus die Jungfrauen sich die Zeit nehmen und sich die Mühe machen, Probleme und Leute auseinanderzunehmen, um sicher zu gehen, daß das Innere in einem guten Zustand ist, bevor sie das Problem lösen oder sich auf eine Freundschaft mit jemandem einlassen. Sowohl Jungfrau wie auch Steinbock sind von einer großen Liebenswürdigkeit und scheinen sich durch ihre Schüchternheit gegenseitig ganz still voneinander angezogen zu fühlen. Manchmal meint der Steinbock, daß die Jungfrau sich zu viele Sorgen macht und zu oft über die Dinge redet, die sie bewegen. Hin und wieder findet die Jungfrau den Steinbock zu halsstarrig und zu festgefahren in seinen Ansichten. Aber dennoch bestehen zwischen den beiden viel mehr Ähnlichkeiten als Unterschiede, sie passen zueinander. Ihre Verbindung steht unter dem Einfluß der wohlwollenden 5:9-Sonnenzeichen-Kombination, die es ihnen erleichtert, einzulenken und die Fehler des anderen zu verzeihen.

Jeder Steinbock legt eine ganz merkwürdige Art von Abwesenheit und Gleichgültigkeit an den Tag. Wenn ein Hindernis auftritt, dann überwinden die Steinböcke es ganz einfach und lassen sich bei ihrem geradlinigen Weg zum Gipfelpunkt ihrer Ziele nicht aufhalten. Dadurch wirken vom Saturn beherrschte Menschen manchmal kalt und teilnahmslos. Sie halten ein unnötiges Zurschaustellen von Emotionen für unnötig und äußerst unproduktiv. Die meisten Sonnenzeichen können eine solche Haltung nicht verstehen und deuten sie deshalb oft fälschlicherweise als Abgebrühtheit oder zumindest als einen Mangel an menschlicher Wärme. Eine Jungfrau spürt jedoch instinktiv, daß sich hinter der eisernen Haltung, die der Steinbock bewahrt, ein gebrochenes Herz verbirgt, und die Steinböcke sind den Jungfrauen auf rührende Weise dankbar.

Ebenso versteht auch der Steinbock sehr gut, wie verletzt die Jungfrau ist, wenn andere sie als kritisch, umständlich und unzugänglich bezeichnen. Niemand kann sich besser in die Selbstvorwürfe hineinversetzen, die eine Jungfrau empfindet, wenn sie einer Verantwortung nicht nachgekommen ist als der Saturn-Mann oder die Saturn-Frau. Der Steinbock spürt, daß in der Jungfrau zarte Träume und Sehnsüchte verborgen sind, die unbedingt frei entfaltet werden müßten. Die Steinböcke wissen das. Auch sie haben Sehnsüchte, die sie nur schwer zum Ausdruck bringen können. Wenn der Jungfrau-Mensch erklärt, daß er gern ein Einzelgängerdasein führt, dann weiß der Steinbock, daß das eigentlich gar nicht wahr ist. Das ist einfach eine gute Methode, die Einsamkeit vor denen zu verbergen, die sich nur über einen lustig machen würden, wenn sie wüßten, wie verletzlich man eigentlich ist, wie alleingelassen man sich manchmal fühlt. Sowohl der Steinbock als auch die Jungfrau nehmen das Leben sehr ernst. Sie sind beide aufrichtig, treu und verläßlich. Und beide bekommen zu spüren, wie frustrierend es ist, wenn man als der häufig ungerufene Wächter des gesunden Menschenverstandes und der praktischen Durchführbarkeit einsam und allein unter all denen dasteht, die es langweilig finden, »sich um ihre Geschäfte zu kümmern«, die dem Leben sehr viel leichtsinniger gegenüberstehen, als das dem Steinbock oder der Jungfrau möglich ist.

Jungfrauen und Steinböcke sind unbeschwert, wenn sie zusammen sind, denn sie kennen gegenseitig ihre Geheimnisse. Wenn sie beieinander sind, können sie ihrem ureigenen Ich vertrauen, so daß sie miteinander lachen und miteinander weinen können und die Freuden, Tagträume und aufregenden Erlebnisse miteinander teilen können, an denen nur Erdzeichen so richtig ihre Freude haben.

Steinbock-Frau – Jungfrau-Mann

Da die Steinbock-Frau den Tatsachen am liebsten gleich ins Auge blickt, möchte ich ihr hiermit den astrologischen Rat geben, daß ihr wahrscheinlich wenig Erfolg beschieden sein wird, wenn sie meint, sie könne den geliebten Jungfrau-Mann ändern, damit er genau in ihre Vorstellungen von einem zärtlichen Liebhaber, Ehemann, Vater und angesehenen Erfolgsmenschen mit dickem Gehalt paßt.

Der scharfe Verstand und die Klugheit des Jungfrau-Mannes sowie seine Fähigkeit, sich schnell und leichtfüßig aus einer unangenehmen Situation zu befreien, kann es so weit bringen, daß *sie* sich, genau umgekehrt, *seinen* Ansichten, Absichten und Maßstäben anpaßt. Und er hat nicht unbedingt die Absicht zu heiraten, jedenfalls nicht von Anfang an. Er fürchtet sich davor, daß seine Freiheit eingeschränkt wird, daß es unumgänglich für ihn sein wird, sich in seinen Gewohnheiten an die merkwürdigen, völlig neuen Gewohnheiten eines anderen Menschen anzupassen. Der Mangel an Privatsphäre in der Ehe erschreckt ihn. Vielleicht ist sie eine von den Frauen, die dauernd an der Strippe hängen und pausenlos reden oder gar vor dem Einschlafen nicht den Mund halten können – bis er wieder eine Migräne hat – oder eine Verdauungsstörung bekommt. Er hat gerade zwei Monatsgehälter für einen Homöopathen ausgegeben, der ihn von seinem Asthma und seiner Allergie gegen parfümierte Seifen, von seinen Kopfschmerzen und seinen Verdauungsstörungen geheilt hat, und diese Tortur möchte er nicht noch einmal über sich ergehen lassen, wenn es sich vermeiden läßt. Wahrscheinlich sind seine Sorgen völlig unbegründet. Als Steinbock-Geborene ist sie mit Sicherheit keine Quasselstrippe, weder am Telefon noch vor dem Einschlafen – oder überhaupt.

Wenn er sie wirklich liebt, dann sollte er einmal in Ruhe darüber nachdenken und sich Klarheit darüber verschaffen, was er eigentlich will. Vor allen Dingen sollte er sich bewußt machen, welche Ängste er in dieser freundlichen Frau dadurch auslöst, daß er sich so sehr dagegen sträubt, ihre Liebe zu legalisieren und die formalen Schritte zu unternehmen. Sie ist nicht dazu bestimmt, dauernd nur ein Verhältnis mit ihm zu haben. Es ist ihr unangenehm, sich über die Konventionen hinwegzusetzen, und sie kann die Mißbilligung ihrer Familie nicht länger ertragen –, außerdem hat sie feste Vorstellungen von der Zukunft. Ihrer Ansicht nach müssen das Leben und die Liebe einen Sinn ergeben, sie müssen eine bestimmte Richtung nehmen und sich auf ein Ziel zubewegen. Außerdem möchte sie wahrscheinlich eines Tages Kinder haben. Und sie möchte, daß diese Kinder einen Namen haben, und zwar den des Mannes, den sie liebt.

Es wird noch ein paar Generationen dauern, bis die Veränderungen des Wassermann-Zeitalters auch bis zur Steinbock-Frau durchgedrungen sind, die große Ehrfurcht vor dem Familienkreis hat und der felsenfesten Überzeugung ist, daß es die Familie als Rückgrat der Zivilisation zu schützen gilt. Sie hat natürlich recht. Steinböcke haben eigentlich immer recht. Am Ende hat sich Saturns Urteil immer noch als vernünftig und fundiert erwiesen. Manchmal bedarf es eben Jahre oder Jahrhunderte der Geduld, bis es soweit ist, aber zwischenzeitlich machen alle einem Vorwürfe und bezeichnen einen als spießig und rückständig. Manchmal wird die Steinbock-Frau deshalb von einer unsäglichen Traurigkeit und Einsamkeit befallen. Diese Stimmung muß erst abgeklungen sein. Der Jungfrau-Mann, der sie liebt, hilft ihr überhaupt nicht, wenn er zuläßt, daß sie sich Sorgen darüber machen muß, was die Leute sagen könnten, wenn sie sich nicht endlich zum Heiraten entschließen. Manchmal ist auch die Steinbock-Frau diejenige, die den Weg zum Altar scheut, weil eine Ehe ihrer Karriere oder ihren ehrgeizigen Plänen im Wege stehen könnte, so daß der Jungfrau-Mann das Gefühl hat, abgewiesen worden zu sein –, aber das kommt längst nicht so oft vor wie der umgekehrte Fall.

Im allgemeinen ist ihre Beziehung aber von gegenseitiger Zuneigung gekennzeichnet und wird wahrscheinlich auch von langer Dauer sein. Auf Grund der Harmonie, die von der 5:9-Sonnenzeichen-Kombination ausgeht, hat ihre Liebe Aussicht auf mehr Stabilität und Dauerhaftigkeit als die meisten anderen. Von einigen wenigen Ausnahmen abgesehen, haben sie die gleiche Einstellung zum Geld. Beide können richtige Geizhälse sein. An sich ist das ein Glück, denn wahrscheinlich hat er deshalb auch nichts dagegen, wenn sie arbeitet, beruflich erfolgreich ist und sich eine Karriere aufbaut. Das ist nicht nur darauf zurückzuführen, daß er unter einem veränderlichen Zeichen geboren und deshalb anpassungsfähiger als die meisten Männer ist, sondern auch darauf, daß er an das doppelte Einkommen denkt, das zwei Berufe einbringen. Und sie brauchen nur halb soviel Zeit, bis ihre Ersparnisse für ein Haus auf dem Land ausreichen. Und beide würden lieber auf dem Land leben. Natürlich sind die beiden sich am Anfang vielleicht noch gar nicht klar darüber, daß sie sich in Feld, Wald und Natur zurückziehen möchten. Das stellt sich erst später heraus. Im Moment ist sie viel zu sehr damit beschäftigt, sich ihre Position in der Gesellschaft oder in einem Beruf zu sichern, wo sie auf ihre ruhige und besinnliche Art über andere bestimmen oder wenigstens ihr eigener Herr sein kann. Und er geht gerade den zahlreichen Interessen nach, bei denen er seinen wachen Verstand und seine

Kritikfähigkeit einsetzen kann, und normalerweise läuft hinterher alles sehr viel reibungsloser ab.

Eine Sache verläuft beinahe immer reibungslos zwischen den beiden, und das ist ihre sexuelle Beziehung. Erdzeichen wissen ganz genau, wie sie sich den Himmel auf Erden schaffen können, wie sie gegenseitig in ihrer sexuellen Vereinigung Ruhe und Befriedigung finden können. Die körperliche Vereinigung löst in der Jungfrau und auch im Steinbock oft friedliche Gefühle aus, stellt aber auch eine enorme Anziehungskraft dar, die ihrer Beziehung immer wieder Kraft gibt.Ihre Sinnlichkeit macht ihr körperliches Zusammensein zu einer reichen und bedeutungsvollen Erfahrung –, und da es sowohl der Jungfrau als auch dem Steinbock sehr schwer fällt, über Gefühle zu reden, wird diese stille Sinnlichkeit, die sie miteinander erleben, allmählich zu einem ganz privaten Verständigungsmittel.

Das Austauschen von Intimitäten brauchen diese Frau und dieser Mann nicht erst zu lernen oder sich gegenseitig mit zunehmender Erfahrung beizubringen. Das Bedürfnis danach ist schon immer dagewesen und hat sie bei ihrer ersten Begegnung erbeben lassen.

Wenn die Beziehung zwischen einer Jungfrau und einem Steinbock zu Ende geht, dann liegt das selten daran, daß sie sich nicht mehr lieben oder daß die Beziehung durch das Eindringen eines Dritten in ihre Zweisamkeit zerstört wurde, von den wenigen Ausnahmen abgesehen, die die Regel bestätigen. Meistens ist ihr Ehrgeiz daran schuld. Einer der beiden lebt nur noch für seine Karriere oder verfolgt ein bestimmtes Ziel und vernachlässigt den anderen dabei. Der Jungfrau-Mann und seine Steinbock-Frau sind beide sehr dickköpfig und eigensinnig. Beide wehren sich mit kühler Zurückhaltung, wenn sie verletzt worden sind – um sich zu rächen. Sie sind beide sehr zurückhaltend und betrachten die Liebe als etwas ganz Privates und Intimes. Niemals würde jedoch einer den anderen im Stich lassen, wenn sie das irgendwie vermeiden können. Sie sind sich treu. Und Treue ist das stärkste Fundament für eine dauerhafte Liebe. Selbst wenn es so aussieht, als wäre die Liebe zwischen ihnen zu Ende, kann sie auf dem festen Fundament verläßlicher Treue wieder errichtet werden.

Steinbock-Mann – Jungfrau-Frau

Wie für alles in der Astrologie, so gibt es auch einen Grund dafür, warum das Symbol der Jungfrau-Geborenen die Jungfrau ist. Das gilt für beide Geschlechter. In Wahrheit würde jede Jungfrau am liebsten für immer allein leben. Eine Jungfrau ist selten begeistert bei dem Gedanken, versuchen zu müssen, ihren Lebensstil den Gewohnheiten eines anderen Menschen anzupassen Sie befindet sich da wirklich in einem Dilemma, denn sie kann sich genauso heftig verlieben wie jede Frau. Und sowie sie sich verliebt hat, wird sie von widersprüchlichen Gefühlen geplagt.

Ihr ist klar, daß sie sich in einer Beziehung, die sowohl vom Gesetz wie auch von der Gesellschaft anerkannt und respektiert wird, wohler fühlen würde, und das bedeutet eine richtige Heirat. Zweitens hat sie, wenn sie einen Mann wirklich liebt, das Gefühl, daß es ihre Pflicht ist, ihn zu heiraten, seine Kinder großzuziehen, dafür zu sorgen, daß er und sie sich nicht wegen schwarzer Streifen am Hemdkragen schämen müssen, ihm bei seiner Einkommensteuererklärung zu helfen, bei all diesen notwendigen menschlichen Bürden. Ihre schönen klaren Augen umwölken sich, auf ihrer Stirn bilden sich wegen dieser Situation Sorgenfalten. Je mehr sie nachdenkt, um so beunruhigter ist sie. Die Jungfrau bewahrt die Ruhe, während sie über die ganzen Einzelheiten ihres Ehedilemmas nachdenkt, und betrachtet die ganze Angelegenheit ziemlich gelassen.

Nicht jede Jungfrau auf der Welt ist die geborene Hausfrau, auch wenn sie in dem Ruf steht, ordentlich, sauber und geschickt zu sein. Tatsächlich sind nur sehr wenige gute Hausfrauen. Deshalb steht die Möglichkeit, eine Sklavin im Haushalt zu werden, ganz oben auf ihrer Liste der Gründe, weshalb sie lieber nicht heiraten möchte. Doch wie sieht es mit der Verpflichtung dem Mann gegenüber aus, den sie liebt? Wenn sie nicht offiziell heiraten, sondern einfach nur eine passende Wohnung suchen, die genau zwischen ihrem und seinem Arbeitsplatz liegt, und so zusammenleben, würde das nicht heißen, daß sie gezwungen wäre, trotzdem alle diese hausfraulichen Dinge für ihn zu erledigen , auch wenn sie nicht wirklich

Mann und Frau wären? Diese Frage kann ich ihr ohne langes Nachdenken beantworten. Ja, das würde eintreffen.

Die Jungfrau steht also vor der Wahl, entweder eine Jungfrau zu bleiben – oder seine Braut zu werden. Wenn sie eine wirklich gute, ernstgemeinte Beziehung zu einem Steinbock hat, dann kann sie das ganze Nachdenken vergessen. Nicht immer, aber in acht von zehn Fällen macht ein Steinbock-Mann, der eine Frau wirklich liebt, sie zu seiner Ehefrau – oder aber er verläßt sie und wird ganz verbittert, indem er seinem Verlust noch jahrelang nachtrauert, bevor er in eine Beziehung einwilligt, die nicht rechtlich, gesellschaftlich und kirchlich anerkannt ist oder den allgemeinen Sitten zuwiderläuft, und besonders in eine Beziehung, über die seine geheiligte Familie die Nase rümpfen könnte. Außerdem wünscht sich der Steinbock-Mann fast immer, eine Familie zu gründen –, und er hat nicht vor, seine Töchter und Söhne unehelich aufwachsen zu lassen und sie des großen Privilegs zu berauben, seinen Familiennamen zu tragen.

Ein weiterer Grund, weshalb es für die Jungfrau schwer sein wird, einer Ehe mit ihrem Steinbock aus dem Weg zu gehen, ist der, daß die beiden emotional in ihrer Liebesbeziehung von der 5:9-Sonnenzeichen-Konstellation geführt werden, und das ist im Grunde die harmonischste Vibration, die die Planeten an Sterbliche zu vergeben haben. Das ist natürlich noch keine absolute Glücksgarantie. Auch Sonnenzeichen unter dem 5:9-Einfluß müssen sich Mühe geben. Auf jeden Fall ist dieser Einfluß als Fundament für eine Liebe sehr segensreich, und diese 5:9-Liebenden sind immer sehr viel niedergeschlagener, wenn sie voneinander getrennt sind, als die meisten anderen Frauen und Männer, die aus irgendeinem Grund auseinandergehen.

Diese beiden verstehen sich großartig miteinander. Beiden fällt es schwer, im sexuellen Bereich ein ungezwungenes Verhalten an den Tag zu legen. Insgeheim hat jeder von ihnen schon immer die Befürchtung mit sich herumgetragen, daß er irgendwie unfähig zur Liebe ist. Doch wenn die Jungfrau sich in den Armen ihres geliebten Steinbock-Mannes sicher und geborgen fühlt, dann verliert sie ihre kühle Distanziertheit und ihre Hemmungen. So geht es auch ihm, wenn diese Frau sich in der Dunkelheit vertrauensvoll an ihn schmiegt und immer näher zu ihm heranrückt. Wenn zwei Erdzeichen ihr Verlangen nacheinander körperlich zum Ausdruck bringen, dann können sehr starke Gefühle entstehen. Die Frauen, die er bisher kannte und von denen er annahm, daß er sie liebte – die Männer, die sie kannte, und bei denen sie sich fragte, ob es Liebe sei, würden staunen. Bevor sie jenes Gefühl in sich entdeckten, von dem sie ganz sicher sein konnten, daß es auch erwidert wird, ist der Jungfrau und auch dem Steinbock sicherlich mehr als einmal der Vorwurf gemacht worden, sie seien kalt und in der Liebe sehr abweisend. Und das ist der Grund, weshalb eine sexuelle Vereinigung der beiden ein so warmes und intimes Zwischenspiel unter allen ihren verschiedenen Gemeinsamkeiten darstellt.

Der Grund, weshalb so viele ordentliche und saubere Jungfrauen merkwürdigerweise die Hausarbeit auf beinahe neurotische Weise verabscheuen, ist der, daß sie alle perfektionistisch sind. Und für einen Perfektionisten gibt es nichts Entmutigenderes als etwas, das man gerade in Ordnung gebracht und schön sauber gemacht hat und das dann einfach nicht so bleibt. Folgende Frage bereitet den Jungfrauen am meisten Sorgen: Ist es denn vernünftig oder praktisch, so viel wertvolle Zeit darauf zu verwenden, die eigenen Spuren zu verwischen? Wenn sie am Ende zu dem Ergebnis kommen, daß es weder vernünftig noch praktisch ist, dann türmt sich das Geschirr im Spülbecken, die Betten bleiben ungemacht, die Wäsche wird nicht gewaschen, auf dem Fußboden sind Schmutzspuren – und sie selber rasen los, um eine Beschäftigung zu finden, bei der sie ihr Talent, Ordnung ins Chaos und in die Verwirrung zu bringen, sinnvoll einsetzen können. Das funktioniert leider nicht immer, denn kurz darauf treten bei der Jungfrau alle möglichen körperlichen und seelischen Beschwerden auf, die von einem noch nicht bewußt gewordenen Schuldgefühl herrühren, eine »Pflicht« vernachlässigt zu haben. Diese Frau braucht sehr viel Mitgefühl.

Obwohl Steinböcke nicht übermäßig sensibel sind, wird die 5:9-Verbindung, die sie zusammenhält, es dem Steinbock ermöglichen, mit mehr aufrichtiger Rücksichtnahme auf die kleinen Qualen und Traumen seiner Jungfrau einzugehen, als das normalerweise seine Art ist. Er weiß, was es bedeutet, wenn man vor lauter Schuld und Gewissensbissen wegen einer zu hohen Meinung über die eigene Verantwortlichkeit Höllenqualen durchlebt. Tatsächlich hat die Niedergeschlagenheit, die den Steinbock hin und wieder befällt, sehr häufig ihre Ursache ebenso wie bei der Jungfrau in scharfer Selbstkritik und bitteren Selbstbeschuldigungen. Er neigt dazu, eine ebenso große Selbstdisziplin an den Tag zu legen wie sie und läßt es sich nicht anmerken, wenn er verletzt ist.

Gelegentlich kann es zwischen ihnen zu Spannungen kommen, und zwar, wenn sie allzuviel an seiner Familie auszusetzen hat oder ein bißchen zuviel herumnörgelt. Manchmal haben sie deshalb Streit, weil er ihr nicht genug Zeit widmet, um mit ihr über all das zu reden, was sie gelesen und gehört hat und wodurch ihr wacher Verstand angeregt wird. Am liebsten beschäftigt sie sich entweder geistig intensiv mit einer Sache, oder sie leistet körperliche Arbeit. Untätigkeit führt bei ihr zu Langeweile und Ruhelosigkeit; sein Stoffwechsel und sein Alltag dagegen sind auf ein sehr viel geruhsameres Tempo abgestimmt. Sein Saturn-Egoismus ist ziemlich stark ausgeprägt und dient zu seinem Selbstschutz. Er hat diese typische «Zuersteinmal-bin-ich-dran«-Haltung, der er sich leider nur sehr selten bewußt ist. Sollte es passieren, daß er ihre Selbstlosigkeit, mit der sie ihn bedient, übermäßig ausnutzt, dann gerät ihre Beziehung aus dem Gleichgewicht. Vielleicht schaut sie sich das eine ganze Weile mit an, bevor es zu einer ernsten Auseinandersetzung kommt.

Vielleicht kommt sie dann zu dem Schluß, daß sie eigentlich doch recht hatte mit ihrer Einstellung, daß ein Leben allein die einzige Möglichkeit ist, vernünftig und in Frieden zu leben, packt ihre Sachen samt ihrer Zahnbürste und verläßt ihn. Wahrscheinlich dauert die Trennung nicht lange. In einem Monat oder so, wenn sie sich gerade häuslich in ihrer Junggesellenwohnung eingerichtet hat und es genießt, wieder frei und ungebunden zu sein, dann wird sie eines Abends von ihren eigenen Tränen überrascht werden. Dann wird ihr klar, wie sehr sie es vermißt, sich in seine zärtlichen Arme zu kuscheln, wie sehr ihr sein weicher zwinkernder Steinbock-Blick und sein zurückhaltender Humor fehlen, – sogar seine Schroffheit, seine düsteren Stimmungen und seine gedankenlose Selbstsucht, hinter denen sich ein so freundliches, hingebungsvolles, treues Herz verbirgt. Genauso ein freundliches, hingebungsvolles und treues Herz wie ihr eigenes. Hat es geläutet? Ja, tatsächlich. Was für eine Überraschung! Vor der Tür steht er. Er hat einen großartigen Vorwand, um bei ihr vorbeizuschauen und zu sehen, wie es ihr geht. Sie hat sich geirrt und aus Versehen seine Zahnbürste mitgenommen, als sie ihn verließ. Er hat ihre mitgebracht, damit sie sie austauschen können. Sie schaut ihn einen Moment lang ganz erschrocken an und ruft dann aus: »Das habe ich gar nicht gemerkt. Schon einen Monat lang putze ich mir mit deiner Zahnbürste die Zähne!« Daraufhin gesteht er ihr, daß es ihm zuerst auch nicht aufgefallen ist, und daß er sich mit ihrer Zahnbürste die Zähne geputzt hat. Und dann werden sie einander in die Arme sinken, weil sie wissen, daß es sinnlos ist, noch länger zu streiten. Sie lieben sich. Ganz unerwartet fühlen sich die beiden so frei, wie nur Vögel es sein können. Und sie fährt wieder mit ihm nach Hause zurück.

Die Steinbock-Waage Beziehung

Alle Menschen, die unter dem Einfluß der 4:10-Sonnenzeichen-Kombination stehen, müssen beträchtlichen Herausforderungen gewachsen sein. Doch einer noch viel größeren Probe ist eine 4:10-Beziehung ausgesetzt, bei der beide in einem Kardinalzeichen geboren sind. Es gibt folgende 4:10-Verbindungen von Kardinalzeichen: Widder-Krebs, Widder-Steinbock, Krebs-Waage und Waage-Steinbock. Wenn zwei Menschen mit Kardinal-Sonnenzeichen eine 4:10-Verbindung eingehen, dann endet das entweder damit, daß die Führung in der Beziehung von beiden zu gleichen Teilen übernommen wird, oder die eine »Führungspersönlichkeit« unterwirft die andere »Führungspersönlichkeit«, wobei der Unterworfene als trauriger Verlierer auf der Strecke bleibt. Die besiegte Person ergibt sich als introvertierter und widerwilliger Untertan in ihr Schicksal (eine Situation, die immer gegen die Natur eines Menschen mit Kardinalzeichen ist) oder kann sich endlich doch aus dieser Bindung lösen und so ihr Selbstvertrauen wiedergewinnen, das in dieser Beziehung verlorengegangen ist.

Der Steinbock ist ein weibliches Sonnenzeichen, das von einem männlichen Planeten (Saturn) beherrscht wird. Die Waage ist ein männliches Sonnenzeichen, das von einem weiblichen Planeten (Venus) beherrscht wird. Dieser Umstand ist sehr vorteilhaft für im Zeichen Waage und Steinbock geborene Männer, Frauen und Kinder, denn er trägt sehr zu einer harmonischen Ergänzung ihrer Eigenschaften bei; jeder von ihnen besitzt bestimmte Eigenschaften, die sie untereinander austauschen können, nämlich die »weiblichen« Eigenschaften Freundlichkeit, Geduld und Einfühlungsvermögen und die »männlichen« Eigenschaften Tatkraft, Entschlossenheit und Idealismus.

Die guten Startbedingungen der beiden sind jedoch vielleicht nicht von langer Dauer. Venus und Saturn sind, ehrlich gesagt, nicht gerade das, was ein Astrologe als gute Kameraden im All bezeichnen würde. Die Venus der Waage neigt zu milder Nachgiebigkeit, liberaler Sanftheit, ist viel zu freigiebig und verschwenderisch, obendrein noch vergnügungssüchtig, hin und wieder unentschlossen. Der Saturn des Steinbocks ist für eiserne Disziplin, konservative Grundsätze und gegen Exzesse jeglicher Art, besonders wenn es ums Vergnügen geht; er ist sparsam mit seinen finanziellen Mitteln und seinen Gefühlen. Und was das Zaudern und Zögern anbelangt (was für den typischen Steinbock gleichbedeutend mit Faulheit und sich vor der Arbeit drücken ist), so kann man nur wenigen Steinböcken vorwerfen, daß sie Dinge auf morgen verschieben, die sie mit einiger Anstrengung heute noch besorgen können. Wenn sich trotz Aufbieten ihres gesamten Organisationstalentes ein Aufschub doch nicht vermeiden läßt, dann verlieren sie nicht eine Minute ihrer kostbaren Zeit und Energie mit Argumentieren, Debattieren, Diskutieren, Tränen, Enttäuschung, Unentschlossenheit oder anderen für die Waage typischen Strategien. Sie ergeben sich ganz einfach (vorübergehend) in ihr Schicksal.

Einen Vorteil hat die Verbindung dieser beiden Kardinalzeichen: Als Einheit besitzen sie eine ungeheure Kraft. Sie sind beide fest entschlossen, das zu bekommen, was sie haben wollen, dort anzukommen, wo sie hinwollen , und andere ihrem Willen unterzuordnen. Beide gehen an diese Ziele von völlig verschiedenen Ausgangspunkten heran; wichtig ist, was dabei herauskommt. Wenn Waage und Steinbock einmal den Entschluß gefaßt haben, sich zusammenzutun und sich mehr oder weniger in dieselbe Richtung zu bewegen, dann können sie miteinander fast alles erreichen, was sie vorhaben, ob das nun ein ehrgeiziges persönliches Ziel ist, die Verwirklichung gemeinsamer Träume oder eine heilige Mission der Barmherzigkeit, um andere glücklich zu machen.

Eines haben Steinbock und Waage wahrscheinlich gemeinsam, und zwar ihr Interesse an der Kunst oder »den schönen Künsten«. Nicht jeder Steinbock ist ein Künstler, doch fast alle fühlen sich im stillen von schönen Gemälden inspiriert, und ebenso geht es den meisten Waage-Menschen. Auch an der Musik haben beide ihre Freude. Beide fühlen sich mehr zur klassischen Musik hingezogen, und auch sonst bevorzugen sie in der Kunst die Alten Meister und sind den moderneren Ausdrucksformen der Kunst gegenüber nicht so aufgeschlossen. Es gibt natürlich, wie überall, Ausnahmen, doch die sind sehr selten. Die Waage liebt gediegene elegante Möbel und schöne Gegenstände, ob das Stühle oder Tische sind, Porzellan oder Kristall. Der Steinbock bewundert handwerkliche Kunst – Gegenstände, die nicht nur schön aussehen und von denen man länger etwas hat als nur die ersten Monate, nachdem man sie gekauft hat. Irgendwo in der Mitte zwischen diesen beiden Einstellungen treffen sich die Waage und der Steinbock in fröhlicher Übereinstimmung. Der Steinbock interessiert sich mehr für das Preisschild und den praktischen Wert der Dinge, sei es bei Kleidung oder bei Teppichen, die Waage achtet mehr auf die Farben und das Material, den Gesamteindruck von Harmonie – den ästhetischen Wert.

Dem Steinbock gelingt es jedoch vielleicht nicht, mit seiner Mißbilligung gegenüber dem ständigen Optimismus der Waage und ihrer Unentschlossenheit hinter dem Berg zu halten. Und die Waage hat vielleicht manchmal das Gefühl, mit dem Gefängniswärter von Sing-Sing zusammenzuleben oder einem Pedell für Erwachsene, der alle anschwärzt, die ab und zu mal die Schule des Lebens schwänzen.

Doch wahrscheinlich wird es der Waage peu à peu wieder einmal gelingen die Ernsthaftigkeit des Steinbocks durch ihr hoffnungsvolles Wesen aufzuhellen. Und der Steinbock wird dazu beitragen, daß die Waage ihre gute Laune wiederfindet und sich wohlbeschützt vorkommt; so warten beide auf morgen, wenn natürlich alles wieder sehr viel besser sein wird, und sie werden feststellen, daß sie die Zeit auf ihrer Seite haben.

Steinbock-Frau – Waage-Mann

Merkwürdigerweise und unglücklicherweise – oder glücklicherweise – besitzt diese ansonsten sehr starken Belastungsproben und Herausforderungen ausgesetzte, von der 4:10-Sonnenzeichen-Kombination beeinflußte Beziehung einen Positiv-Faktor, den der Waage-Mann und seine Steinbock-Frau aber wahrscheinlich nicht beanspruchen. Indem wir natürlich Ausnahmen berücksichtigen müssen, können wir davon ausgehen, daß der Waage-Mann einer der sechs Sonnenzeichen-Männer ist, die wahrscheinlich mit vielen, wenn nicht sogar mit allen von der Frauenbewegung vertretenen Vorstellungen übereinstimmen. Er ist offen für Veränderungen und kann sich darauf einstellen, egal ob es sich dabei um seine Privatsphäre oder um grundlegende gesellschaftliche Veränderungen handelt. Er macht sich Gedanken, ist logisch und vernünftig – und freundlich gewillt, sich beide Seiten anzuhören, auch die beiden Seiten im Mann-Frau-Konflikt des Wassermann-Zeitalters.

Als Gegengewicht dazu wurde die Steinbock-Frau in einem Kardinalzeichen mit Führungsanspruch geboren (ebenso wie er), und sie muß ständig irgend etwas oder irgend jemanden irgendwo hinführen. Es macht ihr Spaß, ihr Schicksal in die Hand zu nehmen, und das aller anderen, wenn es ihr gelingt, mit ihrer »Großmutter-weiß-es-am-besten«-Haltung, die ihr eigen ist, sie in ihre weise Führung und Erziehung miteinzubeziehen. Sie besitzt alle Eigenschaften einer großen Karrierefrau, könnte ausgesprochen gut ein Amt begleiten und ist in der Lage, alles so zu organisieren, daß es reibungslos läuft. Mit ihrer angenehmen Stimme, ihrem guten Benehmen, ihrem kühlen Temperament und ihrem gesunden Menschenverstand ist sie bestens ausgerüstet, um Karriere zu machen.

Obwohl der typische Steinbock die Führung übernehmen muß, wirkt die Vorstellung, das in aller Öffentlichkeit und für jeden sichtbar zu tun, abschreckend auf jeden Steinbock-Geborenen. Egal, ob männlich oder weiblich, er ist lieber der Drahtzieher, der hinter den Kulissen alle Fäden in der Hand hält und alles in die Wege leitet, ohne viel Aufhebens darum zu machen. Für die Steinbock-Frau ist es nicht einfach, innerhalb der Geschäftswelt eine Nische zu finden, in der sie ihre Führungsrolle auf diese Weise ausüben kann. Da sie es ablehnt, unterwürfig Befehle auszuführen und nur ein kleines Rädchen im Getriebe zu sein, und da eine Machtposition, die von ihr die Aufgabe jeglichen Privatlebens verlangt, nicht der Führungsrolle entspricht, die sie anstrebt, findet die typische, eher schüchterne Steinbock-Frau ihre Berufung in der Kunst oder einem ähnlichen Bereich, wo sie im Alleingang etwas erreichen kann, oder sie entschließt sich, zu Hause die Fäden in der Hand zu haben, und befriedigt ihren Sonnenzeichen-Ehrgeiz dadurch, daß sie die Netze ihrer Strategie unauffällig im Hintergrund auslegt und auf diese Weise ihren Mann, ihre Kinder, Verwandte und Freunde in einer so subtilen Weise ihren Vorstellungen entsprechend »führt« und leitet, daß sie selten Verdacht schöpfen.

Er ist in einem Luftzeichen geboren, und das allererste worüber sich eine in einem Erdzeichen geborene Frau bei dem Waage-Mann, den sie liebt, im klaren sein muß, ist folgendes: Luft braucht Bewegungsfreiheit und erträgt keinerlei Einengung. Am besten läßt man einen Waage-Mann in Ruhe, damit er sich treiben lassen und träumen kann, sich auf geistige Höhenflüge begeben und seinen momentanen Eingebungen folgen kann, dann ist er glücklich und bleibt in Reichweite. Wenn man versucht, ihn in etwas hineinzupressen oder auf etwas festzulegen, dann wird er streitsüchtig und vorwurfsvoll und läßt sich leicht zu einem orkanartigen Wutausbruch hinreißen.

Bei einer Auseinandersetzung mit einer Waage ist es immer ein Fehler, wenn man eine ganz bestimmte Position verteidigt und dann erwartet, mit ihr zu einem Kompromiß zu kommen. Wenn man alle positiven Punkte der einen Seite aufzählt, wird dieser Mann instinktiv all seine geistige Energie, seine Überzeugungskraft und seine brilliante Logik (mit der er, das können Sie mir glauben, mehr als reichlich begabt ist) einsetzen, um durch lebhafte Verteidigung der Gegenseite alles wieder ins Gleichgewicht zu bringen – was für eine Gegenseite das auch sein mag. Dabei kommt es gar nicht darauf an, auf welcher Seite seine Sympathien bis dahin gewesen waren. Er ändert seine Meinung (sogar eine lange vertretene Überzeugung), nur um als Gewinner aus einem interessanten Wortgefecht hervorzugehen. Irgendein herausforderndes Argument übt eine dermaßen hypnotische Wirkung auf ihn aus, daß er darüber seine bis zum Beginn der »Diskussion« vertretene Einstellung völlig vergißt.

Das ist die Achillesferse der Waage-Geborenen, und nur wenige von ihnen sind sich dessen bewußt. In einer solchen Situation schlägt sich die kluge Steinbock-Frau ganz und gar auf seine Seite und macht ihm klar, daß sie total falsch gehandelt hat, hält eine Art Monolog, in dem alle die Gründe vorkommen, weshalb er im Recht ist und sie erbärmlich im Unrecht; dabei bietet sie ihm nicht die geringste Angriffsfläche und stellt das ganze so dar, daß es wirklich sehr einseitig und unfair ihr gegenüber erscheint. Es wird Wunder wirken. Er ist dann nämlich völlig hilflos und kann gar nicht anders, als seinem starken Gerechtigkeitssinn, den er seinem Sonnenzeichen verdankt, zu folgen und sie auf alle die Fehler in ihrer Argumentation hinweisen, sie darauf aufmerksam zu machen, inwiefern sie sich selbst gegenüber unfair ist und ihr dann anzubieten, daß er mindestens die halbe Schuld auf sich nimmt – womit sie ihn genau da hat, wo sie ihn gerne haben möchte; – sodann wird er eine mündliche Erklärung abgeben, daß er einsieht, wie sehr er sie verletzt und verärgert hat, so daß sie gar nicht anders handeln konnte, als ihn zu vereinnahmen und schnippisch zu sein. Ihm wird dabei selber nicht so ganz klar, was eigentlich passiert ist, außer daß er sich ehrlich darum bemüht hat, einzusehen, wieso ihre Gefühle berechtigt waren. Und bald darauf ist er wieder der alte, nett und empfindsam, er wird sie um Verzeihung bitten und sie dazu überreden, daß sie es noch einmal mit ihm versucht. Dann wird er sein unwiderstehliches Venus-Lächeln aufsetzen. Eine Steinbock-Frau kann (wenn sie will) jeder Versuchung widerstehen, der eine menschliche Seele ausgesetzt sein kann. Doch nicht einmal sie kann angesichts der strahlenden Anziehungskraft des Waage-Lächelns lange standhaft bleiben. Wenn sich der Waage-Mann um seine Steinbock-Frau bemüht, wird er von der unerwarteten Zärtlichkeit und Wärme, die in ihr schlummern, beglückt und überrascht sein; es braucht nur etwas Geduld, damit ihre Gefühle zum Vorschein kommen. Und sie wird die Entdeckung machen, daß sie diesem Mann sehr viel über die tiefe Ursprünglichkeit körperlicher Nähe und sexueller Gefühle beibringen kann, und er ist mit einem rührenden Eifer bemüht, diese Dinge von ihr zu lernen.

Steinbock-Mann – Waage-Frau

Anfangs hält die Waage-Frau den Steinbock für dermaßen steif, altmodisch, spießig, langweilig und schwerfällig, daß er keinerlei Aussichten hat, der Vorstellung von ihrem Traummann zu entsprechen, die sie sich in ihrer Phantasie zusammengesponnen hat.

Sie wird den Eindruck gewinnen, daß er unglaublich konservativ, stur, prosaisch, humorlos und nüchtern ist. Und sie kommt zu der Ansicht, daß er viel zu pessimistisch, dogmatisch und gefühlskalt ist. Wenn sie alle diese Wertungen in die eine ihrer Waagschalen geworfen hat, sollte sie aber unbedingt auch versuchen, auf die andere Seite einige seiner Tugenden zu legen.

Stur ist er. Das geben wir alle zu. Darum kommt man nicht herum. Er ist in einem Erdzeichen geboren, und deshalb kann er wild entschlossen auftreten, wenn er sich etwas in den Kopf gesetzt hat. Bis zu einem gewissen Grad ist er auch altmodisch. Aber auf recht liebenswürdige Art.Spießig und konservativ? Das kommt darauf an. Jemand, der konservativ ist, braucht deshalb noch nicht unbedingt spießig zu sein.

Es stimmt, daß der Steinbock dogmatisch an seinen Überzeugungen festhält, doch auf der positiven Seite kann man sogleich das Gegenteil hinzufügen, nämlich, daß er nicht mal so, mal so sagt. Manchmal ist er gefühlskalt, das stimmt. Doch auch das kann eine Tugend sein, wenn Sie der Tatsache Rechnung tragen, daß er weder voreilig und impulsiv ist, noch daß er zu leidenschaftlichen Wutausbrüchen neigt. Halten Sie ihn nicht für humorlos, denn da irren Sie sich. Warten Sie ab, bis Sie ihn besser kennen. Sie werden feststellen, daß er einen herrlichen, ganz verschrobenen Sinn für Humor hat. Dieser Humor kommt nur selten und sehr subtil an die Oberfläche, doch der Steinbock hat einen gut ausgeprägten Sinn dafür, wann Spaß angebracht ist. Außerdem ist er freundlich und treu, zuverlässig und gewissenhaft. Er arbeitet hart und faulenzt nie. Er besitzt großes Verständnis für Kunst und Musik, das er nicht an die große Glocke hängt.

Wie sieht es jetzt aus? Seine Nachteile auf der einen und seine Vorteile auf der anderen Seite halten sich fast die Waage? Dieser Mann sehnt sich im geheimen danach, seinen Pessimismus ein wenig in Richtung auf Ihren Optimismus anzuheben – mehr, als er Ihnen das zu verstehen gibt. Ist das nicht Ihr Lieblingsbestreben, die Traurigen und Einsamen aufzumuntern und allen klarzumachen, wie sinnlos es ist, alles für sinnlos zu halten? Er hat ein aufrichtiges Bedürfnis nach der Zauberkraft Ihres sonnigen Gemüts und Ihren geistigen Höhenflügen, die ihn aus der Reserve locken und die Leere in ihm, die er oft empfindet, sich jedoch nicht einmal selbst eingesteht, zu beseitigen. Er ist viel zu schüchtern, um Ihnen zu sagen, daß Ihr Lächeln ihn zu Tränen rührt. Achten Sie das nächste Mal darauf, wenn Sie ihn so anlächeln, wie nur eine Waage-Frau lächeln kann. Sehen Sie, wie schnell er sich abwendet und Ihnen vormacht, daß er beschäftigt ist und Sie ihn von seiner Arbeit oder bei seinen Gedankengängen ablenken. Wenn er sich Ihnen wieder zuwendet, ist er bärbeißiger als zuvor und seine Stimme ist noch rauher. Das bewirkt Selbstbeherrschung bei einem Mann. Die Selbstdisziplin, die dem Saturn in die Wiege gelegt ist, umgibt ihn mit einem kalten Charisma, das die Leute abstößt, so daß sie nie dahinterkommen können, wie sehr er wünscht, sie möchten doch dableiben.

Die sexuelle Harmonie zwischen Waage und Steinbock stellt sich nicht immer gleich mit der ersten Umarmung zwischen den beiden ein. Vielleicht fühlt sie sich durch eine gewisse undefinierbare Kühle, die von ihm ausgeht, verletzt und zurückgestoßen, die sie irrtümlich als Desinteresse deutet – und auch er hat vielleicht das Gefühl, daß ihre Zurückhaltung seinen Annäherungen gegenüber Abstand schaffen soll. Die menschlichen Naturen von Waage und Steinbock sind verwirrend, sowohl für den einen wie auch für den anderen. Freundliches und beständiges Bemühen kann jedoch langsam, aber sicher ihrer Liebe einen ungewöhnlichen Zauber verleihen. Die Anziehung, die der andere ausübt, kann wie ein starker Magnet auf das sexuelle Verlangen wirken. Es ist so, als würde das, was sie einander beibringen können, niemals weniger werden. Seine zurückhaltende Art stört sie am Anfang sehr, doch dann fühlt sie sich allmählich immer mehr davon angezogen, und hat das merkwürdige Verlangen, sein Schweigen zu durchdringen, um es in seiner Tiefe auszuloten. Die Leichtigkeit ihres ungezwungenen Verhaltens und die Freiheit, mit der sie sich mitteilt, üben eine starke Faszination auf ihn aus – aufreizend und etwas unheimlich. Auch wenn sie ihr ganzes Leben miteinander verbringen, wird sie nie das Innenleben dieses Mannes bis in seine Tiefen kennenlernen – und auch ihm wird es nie ganz gelingen, ihre wechselnden Leidenschaften voll zu erfassen.

Ein Verlangen, das hierbei unbefriedigt bleibt, kann in zwei Bahnen gelenkt werden. Ihre Intimität kann durch eine unausgesprochene Herausforderung intensiviert werden, die sie ihre Liebesbegegnungen immer wieder in freudiger Erwartung erleben läßt, wobei diese Erwartung jedesmal wieder aufleben oder neu entfacht werden kann, sogar wenn beide sich lange Zeit voneinander zurückgezogen haben; oder diese Erwartungshaltung kann dazu führen, daß sie langsam das Interesse an der Liebe verlieren, weil sie ständig die Enttäuschung erleben müssen, sich gegenseitig nicht das Gewünschte geben zu können.

Eine Waage-Frau spricht mit melodischer Stimme, ihre Bewegungen sind voller Grazie. Sie ist anmutig, zärtlich und gefühlvoll – und verführerisch wie eine duftende Rose. Sie ist jedoch auch fest entschlossen, ihre Unabhängigkeit zu behalten, wie gut es ihr auch gelingen mag, ihren brennenden Ehrgeiz und ihre Intelligenz hinter der strahlenden Fassade ihres Venus-Lächelns zu verbergen. Sie kann fast jeden Mann dazu bringen, daß er freiwillig (und sogar begeistert) Dinge so macht, wie sie sich das vorstellt. Der erdgebundene Steinbock widersteht vielleicht jedoch ihrem Charme, wenn ihre Vorstellungen mit seinen Vorstellungen in Konflikt geraten.

Da der von Saturn beherrschte Mann gegen seine Unbeweglichkeit in bezug auf einmal gefaßte Vorhaben nicht ankommt, und da seine Waage-Frau, in einem Luftzeichen geboren, sehr viel flexibler ist, kann sie leichter ihren Standpunkt aufgeben als er. Folglich lastet ein großer Teil der Verantwortung für ihre Beziehung auf ihren zierlichen, aber starken Schultern.

Die Steinbock-Skorpion Beziehung

Weder Skorpion noch Steinbock sind besonders kontaktfreudig. Da ihre Verbindung jedoch durch die 3:11-Sonnenzeichen-Kombination beeinflußt wird, fühlen sie sich im Umgang miteinander gewöhnlich wohler als in der Gesellschaft der meisten anderen Leute, die sie kennen.

Skorpion und Steinbock verbringen einen Großteil ihrer Zeit mit Diskussionen über ihre individuellen und gemeinsamen Hoffnungen, Träume und Wünsche, und obwohl sie im allgemeinen hinsichtlich der Art ihrer gemeinsamen Lebensziele völlig einig sind, könnten sie, was den idealen Weg angeht, sie zu verwirklichen, nicht immer völlig einer Meinung sein. Sie haben beide den geheimen Wunsch, respektiert zu werden, sie streben beide eine subtile Art von Macht hinter den Kulissen über ihre Umwelt an; dennoch könnte der Steinbock den emotionalen Aufwand des Skorpions für eine Energieverschwendung halten, während der Skorpion vielleicht glaubt, dem Steinbock fehle es an Gefühl und Sensibilität.

Glücklicherweise wird der Steinbock seltener Opfer des Skorpion-Vergeltungs-Stachels als manch anderer und vermag diese wenigen Stachel auch leichter zu entfernen (der Steinbock neigt dazu, alles zu entfernen, was dem Fortschritt im Wege steht, viel Zeit- oder übermäßigen Gefühlsaufwand erfordert), während der Skorpion eher Verständnis und Geduld für das saturnische Brüten des Steinbocks aufbringt als andere; denn auch er neigt häufig zu unerklärlichen Depressionsanfällen. Die Verbindung muß nicht immer völlig harmonisch sein –

aber aufgrund eines unterbewußten Verständnisses ihrer innersten Natur besteht stets eine Basis für Kompromisse.

Obwohl Skorpion und Steinbock sehr zurückgezogen leben, ist der typische Skorpion sehr viel eher geneigt, in der Öffentlichkeit zu sprechen als der Steinbock. Doch der Skorpion gebraucht Wörter, um das, was er wirklich denkt, zu verschleiern. Skorpione sind von jeder Art von Maskierung fasziniert, und über alles zu reden, außer über das, was wirklich Bedeutung hat für sie, ist nur eine der vielen Masken, die Pluto trägt, um den Uneingeweihten an der Nase herumzuführen. Der Steinbock erkennt und bewundert diese Fähigkeit, ja er beneidet den Skorpion fast darum, weil er im wesentlichen schüchtern ist. Unter dem Deckmantel geselliger Nonchalance ist auch der Skorpion schüchtern oder merklich reserviert, was seine tiefsten Gefühle und Emotionen angeht. Und deshalb ist der Skorpion von der Schüchternheit des Steinbocks tief berührt, was nicht selten die ursprüngliche Basis der Sympathie zwischen den beiden herstellt.

Man darf natürlich nie die Ausnahmen aus den Augen verlieren, wie zum Beispiel die Skorpione und Steinböcke, die in ihren Horoskopen Feuer- oder Luftzeichen als Mondzeichen oder Aszendenten haben. Doch der typische Skorpion und Steinbock wird stets mehr Wert darauf legen, im Leben voranzukommen und für seine persönliche Sicherheit zu sorgen als auf Geselligkeit, ein angenehmes Leben und unproduktive Aktivitäten – oft ein kleines bißchen *zu* großen Wert.

Ein irgendwie amüsanter, oder sagen wir positiver Aspekt dieser Kombination ist, daß die zwanghafte Verschwiegenheit des Skorpions normalerweise kein Reibungspunkt zwischen den beiden ist, weil der Steinbock nur selten von den Geheimnissen anderer fasziniert ist. Den Steinbock langweilt jede Art von Ratespiel zu Tode, es sei denn, er hat Mond oder Aszendenten im Krebs oder Skorpion. Anonyme Briefe können ihn absolut nicht begeistern, und sollte der Skorpion dem Steinbock eine Notiz mit den Anfangsworten »Rate mal was« zuschieben, dann wird dieser wohl höchstens mit einem höflichen Gähnen antworten. Er wird einfach warten, bis der Skorpion mit der Erklärung des »Was« herausrückt.

Gewöhnlich wird der von Pluto regierte Skorpion die mangelnde Neugier des Steinbocks begrüßen, da ihn nichts mehr empört, als wenn jemand ständig in seinen Tagebüchern, Scheckheften, Schubladen oder geheimen Gedanken herumschnüffelt – es sei denn, sie beschließen, ihre Geheimnisse zu teilen. Doch hin und wieder verletzt die ultrasensiblen Skorpion-Männer und -Frauen auch der Mangel an Neugier beim Steinbock, und sie deuten ihn als Mangel an Interesse – nicht ganz zu Unrecht.

Der Steinbock-Mangel an Interesse ist jedoch nicht gleichzusetzen mit Mangel an Anteilnahme. Nur beim Skorpion deutet mangelndes Interesse auf mangelnde Anteilnahme hin, denn Skorpione sind nur dann neugierig, wenn ihnen etwas am Herzen liegt, und wenn das nicht der Fall ist, dann wird die Sache oder die Person für sie unsichtbar. Das Dumme an der Skorpion-Neugier ist, daß die Skorpione dazu neigen, sie in Mißtrauen umzuwandeln.

Doch das Mißtrauen hat auch seine negativen Seiten und kann dazu führen, daß der Skorpion oft grundlose Ängste durchsteht. Steinböcke dagegen brauchen sich nicht mit unnötigem Mißtrauen herumzuschlagen, weil die Vorsicht des Saturn denselben selbstschützenden Zweck bewirkt, mit weniger Beanspruchung des Nervensystems.

Trotz ihres beklemmenden Mißtrauens haben Skorpione methaphysische und religiöse Neigungen; deshalb glauben sie ganz fest an die Macht des Schicksals über jede Art von Mißerfolg (selbst wenn sie diesen Glauben nicht offen bekennen), und das ist ein grundlegender Unterschied zwischen den von Pluto regierten Skorpionen und den von Saturn eingeschränkten Steinböcken.

Steinbock-Frau – Skorpion-Mann

Steinbock und Skorpion sind in Sachen Liebe genauso praktisch denkend wie in allen anderen Dingen. Ihre Romanze muß erst eine harte Realitätsprüfung bestehen und viele Punkte bei einem Verläßlichkeitstest erzielen. Solide. Dauerhaft. Haltbar.

Die beiden bestehen darauf, für ihr Geld auch etwas zu bekommen, egal ob bei Möbeln, Kleidung, Gebrauchtwagen, Gemüse, Grundbesitz usw. Sie machen bei ihrer Beziehung keine Ausnahme – oder bei dem Geld, das sie für das Aufgebot ausgegeben haben, ganz zu schweigen von den paar Mark Trinkgeld, die er dem Standesbeamten zugesteckt hat. Und wenn sie das Brautkleid hinzurechnen und das Hotelzimmer für die Hochzeitsnacht, wenn es auch dank der Vorsaisonpreise erschwinglich war – dann läßt man so etwas Kostbares eben nicht herunterkommen, ohne den Versuch zu machen, es zu retten – im stillen Kämmerlein natürlich.

Man darf einen Riß in der Decke nicht unbeachtet lassen, sonst entwickelt er sich zu einem großen Problem, und das ganze Haus kracht zusammen. Nein, der winzige Riß muß gekittet und übermalt werden, sobald er erscheint. Genauso ist es mit den kleinsten Meinungsverschiedenheiten zwischen Steinbock und Skorpion. Sie beheben gewöhnlich den Schaden, bevor er zu einer wirklichen Bedrohung für ihre Harmonie wird.

Diese ständige Wachsamkeit kann äußerst ermüdend sein, wenn nicht unendliche Geduld und Willenskraft vorhanden sind. Dieser Mann und diese Frau besitzen jedoch beides im Überfluß, einen unerschöpflichen Vorrat, den sie den vereinten Kräften ihrer Geburtsherrscher Pluto und Saturn verdanken.

Das Wassermann-Zeitalter mag die Menschheit zwar mit revolutionären Veränderungen beglückt haben, Skorpion und Steinbock jedoch werden vom Uranus-Einfluß nicht sonderlich berührt. Die konservative Natur von Skorpion und Steinbock bleibt auf jeder Altersstufe oder während jedes astrologischen Zeitalters im wesentlichen unverändert.

Astrologen pflegen häufig anzudeuten, daß Skorpion-Männer sexbesessene, leidenschaftliche »Bestien« sind, die jede Frau, die ihnen über den Weg läuft, zu verführen oder gar zu vergewaltigen suchen. Das stimmt natürlich nicht. Sicher hat er starke, innere sexuelle Triebe, doch »sexuell« ist ein Wort mit mehr als einer Bedeutung, und der von Pluto regierte Mann kann bei seiner Einstellung zu Liebe und Ehe absolut altmodisch sein.

Da der Skorpion ein Wasserzeichen ist, gibt es natürlich auch Skorpion-Männer, die vorübergehend in die Fänge des Alkohols geraten. Trotzdem wird der Skorpion niemals seine Würde oder den Sinn für das Richtige und Falsche verlieren. Dieser Mann wird sich selbst oder irgendeinem Mitglied seiner Familie niemals erlauben, den Narren zu spielen. Es ist ihm sehr wichtig, was Außenstehende über ihn denken (obwohl er gleichzeitig der Ansicht ist, daß sie sein Privatleben nichts angeht), und dasselbe gilt für die Steinbock-Frau. Alles, was sie tut, ist darauf ausgerichtet, vorwärtszukommen und von der Umwelt anerkannt zu werden.

Die Steinbock-Frau verleiht ihren innersten Gefühlen nur selten durch ihr äußeres Gebaren Ausdruck. Ebensowenig stehen dem Skorpion-Mann seine tiefsten Emotionen im Gesicht geschrieben, und er offenbart sie auch nicht durch Wort oder Tat. Deshalb fällt es ihnen schwer, sich ineinander zu verlieben. Beide tragen Masken, wenn sie sich kennenlernen. Es dauert schon eine gewisse Zeit, bis sie einander genug vertrauen, um sie abzulegen, und selbst wenn sie ihre Schutzmaskierung entfernt haben, um sie selbst zu werden, sich eingestehen, daß sie einander lieben, dann werden sie nicht mit entblößten Gefühlen durch die Weltgeschichte stolzieren.

Die Liebe in dieser 3:11-Sonnenzeichen-Kombination, die sich aus einem Wasser- und einem Erdzeichen zusammensetzt, besitzt einen sonderbaren Aspekt, der auf die Geburtsherrscher Saturn (Steinbock) und Pluto (Skorpion) zurückzuführen ist. Auf merkwürdige Weise verbindet ein mehr oder weniger starker Einfluß von Tod und Mysterium ihre Herzen. Ihr gemeinsames Leben wird vom Echo der Vergangenheit, wie schwach es auch sein mag, berührt. Das braucht nicht in den ersten Jahren der Fall zu sein, doch irgendwann einmal fällt der Schatten auf sie und scheint ihre Liebe auf geisterhafte Weise zu verschleiern. Pluto herrscht über den Tod und gleichzeitig auch über Geburt und Wiederauferstehung. Saturn herrscht über alle Angelegenheiten, die die Toten selbst betreffen, und darüber hinaus über Selbstdisziplin und Pflicht. Beide Planeten haben eine starke Neigung für tief empfundene und lange gewahrte Geheimnisse, und keine emotionelle Verbindung zwischen diesen beiden Sonnenzeichen wird solchen Einflüssen entgehen können. Fast jede Steinbock-Frau und jeder Skorpion bergen einen unausgesprochenen Kummer aus der Vergangenheit in sich, den sie gemeinsam durchgemacht haben und der enge Bande gemeinsamer Erinnerungen zwischen ihnen herstellt.

Hinter ihrer Miene der Selbstgenügsamkeit, ihrem scheinbar kalten Ehrgeiz, was sie und ihre Familie angeht, und ihrem augenscheinlichen Mangel an Gefühlen verbirgt die Steinbock-Frau ein Herz, das heimlich nach Zuneigung lechzt. Mit seinem durchdringenden Scharfblick nimmt der Skorpion all dies wahr, und es erweckt in ihm das stolze Verlangen, diese lustige kleine Frau mit ihrem drolligen Humor und ihren sanften, glänzenden Augen, die so treu, aufrichtig und verläßlich ist, zu lieben und zu beschützen.

Auch ihre ruhige Art und ihr freundliches Wesen erwecken in ihm tiefes Verlangen. Eine unausgesprochene Einsamkeit steckt in jedem von ihnen, ein Bedürfnis nach emotioneller Sicherheit durch die Bindung an einen Partner. Seine merkwürdige Mischung von Zärtlichkeit, Mysterium und kontrollierter Heftigkeit hypnotisiert sie, und sie ist in der Lage, sich in seinen Armen zu entspannen.

Sie müssen jedoch achtgeben, daß ihre Vertrautheit nicht zu Gleichgültigkeit wird. Als Paar neigen Skorpion und Steinbock dazu, mit den Jahren in einen Trott zu verfallen, der nicht nur ihre sexuelle Begegnung, sondern alle anderen Aspekte ihrer Liebe flau und phantasielos werden läßt. Wie alle Paare der 3:11-Kombination werden sie Freunde *und* Liebende sein. Deshalb kann die freundschaftliche Ungezwungenheit als Brücke benutzt werden, über die sie zueinander finden können, wenn ihre Leidenschaft abgekühlt und ihre Gefühle blockiert sind.

Abwechslung ist jene belebende kalte Dusche , die die Liebe zwischen Skorpion und Steinbock auffrischen kann. Reisen sind ein wunderbares Heilmittel für diese beiden, doch auch kleinere Abwechslungen zeigen ihre Wirkung.

Steinbock-Mann – Skorpion-Frau

Alles, was einen Nervenkitzel verspricht oder bedrohend wirkt, regt die Phantasie des Steinbocks an. Dieser Mann ist phantasiereicher, als man vermuten wird. Daß er keine Märchen in der Öffentlichkeit erzählt – oder Gedichte schreibt, diese dann einrahmt und an die Wohnzimmerwand nagelt, braucht ja nicht zu bedeuten, daß er nicht in der Lage ist, die Schönheiten z.B. der Natur zu erkennen oder zu träumen. Er ist gegen Sinnesreize nicht immun; der würzige Geruch von Gras oder frischgegrabener, warmer Frühlingserde läßt sein Herz schneller schlagen, und als kleiner Junge hat er sich sogar bei Sternschnuppen heimlich etwas gewünscht – wenn er sicher war, daß niemand schaute. Er liebt Musik und Kunst. Natürlich nur anspruchsvolle Musik und klassische Kunst; auch eine wirklich schöne Skulptur oder ein hübsch gefaßter Türkis wird jenes zögernde, schüchterne Lächeln über seine Lippen huschen lassen. Das Steinbock-Lächeln ist unvergleichbar – allein es zu sehen, ist schon eine Wohltat. Das mag daran liegen, daß es nur so selten offenbart wird, daß man, wenn man in seinen Genuß kommt, auch weiß, daß es ernst gemeint und nicht nur ein leeres Höflichkeitslächeln ist. Der Steinbock lächelt, wenn er glücklich oder amüsiert ist, oder wenn ein *Anlaß* besteht zu lächeln.

Dieser Mann stellt sich nur selten in den Mittelpunkt einer Unterhaltung. Er spricht nicht oft, doch wenn er es tut, dann schimmert sein Steinbock-Humor hindurch, um sich mit der Steinbock-Weisheit zu paaren, und seine seltenen witzigen Bemerkungen sind oft so geartet, daß man sie am liebsten sofort notieren möchte, um sie bei passender Gelegenheit wieder an den Mann bringen zu können. Weisheit und Humor ergeben eine faszinierende Mischung.

Kein Wunder, daß diese seine Ausstrahlung eine Skorpion-Dame magnetisiert. Der Steinbock ist ihr in vieler Hinsicht ähnlich, und deshalb fühlt sie sich so merkwürdig sicher, wenn er in ihrer Nähe ist – selbst wenn sie sich noch gar nicht richtig kennen und sich nur per Zufall im selben Raum aufhalten. Sie wird ihm ihre Gefühle nicht gleich offenbaren. Sie könnte sogar all ihre beachtliche Selbstkontrolle zusammennehmen, um den Anschein zu erwecken, daß sie seine Existenz gar nicht zur Kenntnis genommen hat. Später, wenn sie ihn lange genug auf die Folter gespannt hat, wird sie ihn nicht nur anschauen, sie wird ihn anstarren, mit einem Blick, der ihn ein wenig aus dem Gleichgewicht bringt.

Seine erste Reaktion könnte sein, daß er sich noch verstockter benimmt, als er es ihr gegenüber sonst schon tut. Doch nach und nach, langsam, aber sicher und unvermeidlich wird er sich durch ihre bedächtigen gemeinsamen Gespräche allmählich entkrampfen und schließlich eines seiner berühmten Lächeln wagen. Es ist nicht leicht, ein Skorpion-Herz zum Schmelzen zu bringen, schon gar nicht plötzlich. Doch seine sanften Augen und sein schüchternes Lächeln bringen es fertig. Und so verlieben sich Steinbock und Skorpion. Nie auffällig.

Es dauert so seine Zeit, bis Freunde und Verwandte merken, was los ist. Seine Verwandten. Ihre Verwandten auch, aber was zählt, sind *seine* Verwandten. Er wird nicht gern etwas tun, was ihnen mißfällt oder sie unglücklich macht – und er will nicht gezwungen sein, weniger Zeit mit ihnen zu verbringen, nur weil er sich verliebt hat. Das heißt, sie sind es gewohnt, ihn in ihrer Nähe zu haben. Und wenn sie seine finanzielle Hilfe von Zeit zu Zeit brauchen, nun . . . Ja, das könnte eins ihrer Probleme sein.

Der Steinbock ist von Natur aus unleugbar besitzergreifend, sobald ein Versprechen gegeben wurde, das den Versuch symbolisiert, aus einer Beziehung eine Dauerbeziehung zu machen. Die Skorpion-Frau wird nicht gerade entzückt darüber sein, da sie bis jetzt mehr oder weniger immer geglaubt hat, Besitzergreifen sei ihr eigenes, ausschließliches Recht.

Sie ist sicherlich diejenige, die die notwendigen Konzessionen machen sollte, weil ein Steinbock-Mann, der eine Frau wirklich liebt, Freiheiten verlangt, die nur bei einer übertrieben besitzgierig veranlagten Frau Eifersucht hervorrufen können. Wenn er nicht ein Feuer- oder Luftzeichen als Mondzeichen oder ungünstige Mars- oder Venus-Konstellationen in seinem Geburtshoroskop hat, dann wird sich der typische Steinbock nicht weit von seinem Heim entfernen. Er genießt einen gemütlichen Abend mit seiner Auserwählten mehr als irgendeine andere Aktivität – außer seiner Arbeit. Wenn er einer von jenen fanatischen Fußballfans ist, wenn er mit Politik zu tun hat, für eine große Firma arbeitet oder reist, dann könnte er ihr oft genug an ihrer Seite fehlen, um ihr einen Grund zur Verärgerung zu geben. Doch der Durchschnitts-Steinbock wird ihr keinen Anlaß geben. Vielmehr könnte *er* sich bisweilen veranlaßt fühlen, sich über *ihr* gelegentliches Fernbleiben Sorge zu machen.

Diese Frau wird nämlich meist auf einer unabhängigen Lebensführung bestehen. Sie wird nicht unter jemandes Pantoffel stehen. Das bedeutet nicht, daß sie ihn nicht liebt oder einen anderen gefunden hat. Das heißt nur, daß sie die Freiheit braucht, die Dinge zu tun, wann immer sie will.

Auf sexuellem Gebiet wird die Skorpion-Frau das emotionelle Bewußtseinsspektrum ihres Steinbock-Geliebten oder -Gatten bereichern. Durch die Tiefe ihres physischen Verlangens, zu geben – und zu nehmen –, wird er in Gefühle verstrickt, die er noch nie zuvor gekannt hat. Und sie wird sich auf heimelige Weise an seiner Seite wohlfühlen. Seine verborgene Stärke und seine besänftigende Güte werden ihr die namenlosen Ängste nehmen, die sie verfolgen und hinter dem Schleier all ihrer Mysterien liegen. Sie könnte bisweilen wünschen, er wäre etwas einfallsreicher, verbal etwas ausdrucksstärker bei seinem Liebesspiel; er hingegen könnte manchmal das Gefühl haben, daß sie zuviel von ihm erwartet, was schreckliche Depressionen in ihm hervorrufen kann, für die er keine Worte findet. Da sie unter dem Einfluß der 3:11-Sonnenzeichen-Kombination stehen, sind dieser Mann und diese Frau gleichzeitig Freunde und Liebende, und so sollten sie häufiger offen und ehrlich über diese Dinge sprechen. Beide neigen dazu, ihr wahres Ich vor Neugier und Gleichgültigkeit zu verstecken, doch der Augenblick des Einsseins verlangt, daß man nur man selbst ist, vertraut, tut und sagt, was wahr ist. Die beiden sind Experten in Selbstdisziplin und Selbstbeherrschung und müssen lernen, daß disziplinierte Leidenschaft nicht der richtige Weg ist, um beim Liebesakt Erfüllung zu finden.

Die Steinbock-Schütze Beziehung

Schützen sind schon ulkige Zeitgenossen, manchmal possenhaft und amüsant, manchmal traurig und melancholisch. Steinböcke dagegen sind Vernunftsmenschen und stehen mit beiden Beinen fest auf dem Boden der Tatsachen, was man von Schützen nicht gerade behaupten kann, die eher ein wenig schwerfällig sind, ständig stolpern, mal über ihre eigenen Füße, mal über ihre Worte – und beim Steinbock jedesmal ein liebenswürdig herablassendes Lächeln hervorrufen. Es läßt sich nicht leugnen, daß sich diese Gegensätze gelegentlich schlecht und recht anziehen. Steinböcke wissen genau, wohin sie gehen, und der Schütze findet diese Eigenschaft beneidenswert (wenn auch gleichzeitig etwas irritierend), da er von Zeit zu Zeit schon gern im Ansatz wüßte, wohin er geht – doch selbst, wenn er es wüßte, dauerte es gewiß nicht lange, und er würde schon wieder in eine andere Richtung trotten. Bei einer 2:12-Sonnenzeichen-Partnerschaft kann jeder eine Menge vom anderen lernen – oder dem anderen beibringen. Der Steinbock übernimmt meist die Rolle des Lehrers und der Schütze (wenn auch widerwillig) die des Schülers.

Beide besitzen eine Reihe von Eigenschaften, die den anderen anziehen. Der Schütze z. B. erstarrt geradezu vor Ehrfurcht vor der stoischen Ruhe, die der Steinbock selbst auf dem Zahnarztstuhl bewahrt. Der Steinbock dagegen beneidet den Schützen heimlich um seinen umwerfenden Optimismus im Spiel des Lebens.

Es gibt jedoch auch Eigenschaften, die eher abstoßend als

sympathisch sind, d. h. natürlich nur dann, wenn sie besonders stark zutage treten. Das Reisen zum Beispiel kann Konflikte zwischen ihnen aufkommen lassen. Während die meisten Schützen gern herumschwirren, die Welt ergründen und ihrem Geist freien Lauf lassen, werden Steinböcke beim bloßen Gedanken an soviel Gehetze und Gedränge ganz krank. Die Vorstellung, in einem Flughafengebäude zu leben – mit gepacktem Koffer und immer startbereit –, jagt ihnen Schauer über den Rücken.

Die Gesprächsbereitschaft von Steinbock und Schütze ist nicht immer gleich groß. Der gelegentlich stille, introvertierte Schütze kommt zwar ganz gut mit dem Steinbock aus, die meisten Schützen jedoch neigen mehr zu stilvollem Geplänkel. Sie stellen ständig Fragen, wollen immer das Wie, das Wo und das Warum der Dinge wissen. Am Anfang macht es dem Steinbock nichts aus, all diese Fragen zu beantworten. Im Gegenteil, es gefällt diesem gesetzten Menschen sogar, anderen Weisheit zu vermitteln, doch wenn sich nach einer Weile herausstellt, daß all die vermittelte Saturn-Weisheit von dem freiheitsliebenden Schützen ignoriert wird, dann muß dem Steinbock das Ganze wie ein Spiel vorkommen – und Steinböcke verschwenden ihre kostbare Zeit nicht gern mit Spielen. Der Schütze könnte bemängeln, daß der Steinbock zu still und verschlossen ist – der Steinbock könnte bemängeln, daß der Schütze *nie* still ist und nie zuhört.

Das geschieht von Zeit zu Zeit, wenn Idealismus und Forscherdrang mit Weisheit und Vorsicht streiten. Doch was wäre Idealismus ohne die Weisheit, ihn zu dämpfen – oder der Forscherdrang ohne die umsichtige Hand, die ihn in die richtige Richtung führt? »Chaos, nichts als Chaos«, meckert der Steinbock. »Wahnsinnig aufregend«, erwidert der Schütze, und so geht es in einem fort. Wenn der Steinbock von seinem hohen Podest der Allwissenheit herabklettern würde, dann wäre für beide ersichtlich, was für ruhmreiche Taten sie begehen könnten, sobald sie ihre gegensätzlichen Eigenschaften in einer gemeinsamen Bestrebung vereinigten, statt sie durch ständige Kontroversen abzunutzen. Was die beiden bräuchten, ist ein Löwe, der ihnen eine ausführliche Moralpredigt hält, ein Widder, der sie zur Ordnung ruft, eine Waage, die beide Seiten ihrer Klagen mitfühlend und fair abwägt, und vielleicht ein Fisch, der beiden eine Lektion zum Thema Demut erteilt. Denn weder der eine noch der andere hält Demut für eine große Tugend. Der Schütze hat schon Schwierigkeiten, den Sinn des Wortes zu begreifen, und der Steinbock *erscheint* nur demütig. Unter der scheinbaren Saturn-Selbstlosigkeit verbirgt sich eine gewisse angeborene Sicherheit in allen Bereichen, außer dem der Selbsteinschätzung. Hier kann der Steinbock manchmal geradezu rührend unsicher sein.

Der Steinbock bewundert und respektiert schüchtern, um nicht zu sagen stumm, den unauslöschbaren Glauben des Schützen an das Gute – und der Schütze weiß in seinem Innersten ziemlich genau, daß der Steinbock recht hat mit seiner These: Erst schauen und dann in höhere Regionen schweben!

Ein Aspekt für ihre Verträglichkeit ist die brutale Offenheit des Schützen – seine spitzen Pfeile der Ehrlichkeit, die beim Steinbock leichter abprallen als bei irgendeinem anderen, weniger dickfelligen Sonnenzeichen. In den meisten Fällen, wo ein Schütze-Freund, -Liebespartner, -Ehepartner, -Kind, -Verwandter oder -Geschäftspartner dem Steinbock eine schmerzliche Wahrheit entgegenschleudert, zuckt der Steinbock nur mit der Schulter und bemerkt: »Na und?« Es ist nicht leicht, diese Leute zu erschüttern. Ist jedoch das Maß voll, dann wird der Steinbock ihn mit Saturns eigenem Blitzstrahl schmerzlicher Wahrheit niederschmettern, was den unbekümmerten Schützen dazu veranlaßt, monatelang in einer Ecke zu schmollen. Die von Saturn beherrschten Steinböcke sind hervorragende Lehrer, was das Erteilen von Lektionen gegen alles Impulsive und Freimütige dieser Welt betrifft.

Auf den ersten Blick sieht es so aus, als würden die Schützen die Steinböcke herumschubsen. So muß es zumindest dem Zuschauer erscheinen. Doch bei aller Herumschubserei und Herumkommandiererei setzt der Steinbock heimlich, still und leise seinen Willen durch, und über kurz oder lang zieht der Schütze gewöhnlich den kürzeren. Wie alle Erdzeichen gibt der Steinbock nur vorübergehend nach, um Streitereien aus dem Weg zu gehen.

Schützen sind im Grunde wehmütige Clowns, die ganz sorglos, was die Probleme des Lebens angeht, in der Zirkusarena herumradeln. Unnötiger Ärger und Kummer macht sie nur unglücklich. Sie haben ein sonniges und optimistisches Wesen, weshalb sie auch so schrecklich leiden, wenn sie die Schattenseiten des Lebens entdecken. Die Steinbock-Natur ist viel weniger optimistisch (eine *selbstauferlegte* Einschränkung), da Steinböcke jede Übertreibung vermeiden und mit einem angeborenen Instinkt für – nun, für die trittsichere Balance auf den felsigen Klippen des Lebens ausgerüstet sind. Wenn alles gesagt und getan ist, dann ist der Schütze optimistisch, der Steinbock dagegen pessimistisch. Der Schütze-Optimismus irritiert den vorsichtigen Steinbock. Der Steinbock-Pessimismus wiederum bremst den hochfliegenden Geist des Schützen.

Ist jedoch der Schütze-Clown durch die Grausamkeit eines gefühllosen Menschen, der seinen Jupiter-Glauben und seine Großmut nicht teilt, am Boden zerstört, dann ist der Steinbock zur Stelle, um den Verletzten mit liebender Zärtlichkeit und Weisheit zu heilen – ganz ähnlich wie der Schütze in seiner Kindheit von seinen Großeltern Trost erfuhr.

»Schon gut, schon gut«, beschwichtigt der Steinbock, »kein Grund, finster und verdrießlich zu sein. Alles wird sich früher oder später zum Guten wenden. Auf Regen folgt immer Sonnenschein. Hast du mich das nicht selbst gelehrt?«

Steinbock-Frau – Schütze-Mann

Die Steinbock-Frau zählt zu jenen bezaubernden weiblichen Wesen, die genau zu wissen scheinen, *was* sie vom Leben wollen und *wie* sie es bekommen. Der Schütze spürt, daß die Ziele seiner Steinbock-Partnerin nicht niedrig angesetzt sind, sogar so gigantisch sein können wie seine eigenen, und das läßt ihn erbeben. Sie ist still und bescheiden und unterbricht ihn nie, wenn er von seinen Ideen und Träumen spricht, was sie natürlich ganz besonders auszeichnet. In seinen Augen zählt sie zum sanften, mädchenhaften Frauentyp, ein weiblich-reizvolles Wesen.

Er ist auf dem Holzweg. Sie ist zwar in einem weiblich passiven Sonnenzeichen geboren, doch wird sie von dem männlichen Planeten Saturn regiert. Und obwohl sie tatsächlich eine sanfte Art hat, so ist sie doch alles andere als fügsam. Man kann ihr auch nicht absprechen, ein reizendes Persönchen zu sein, aber das heißt noch lange nicht, daß sie in einem Reifrock, den mit Spitzen umrandeten Sonnenschirm in der Hand drehend, auf Zehenspitzen trippelnd ein nach Lavendel duftendes Seidentaschentuch fallen läßt, um mit ihm anzubandeln. Diese Frau ist nicht im Sturm zu erobern.

Für den Steinbock ist alles dumm, was zeitverschwendend ist und keinen konkreten Sinn hat. Dazu zählen ganz eindeutig belangloses Flirten und beiläufige Affären. Ich habe nicht gesagt, daß sie etwas gegen das Flirten hat, nur gegen *müßiges* Flirten. Ich behaupte auch nicht, daß sie etwas gegen Affären hat, sondern nur gegen *beiläufige* Affären. Dieser Unterschied kann sich früher oder später als sehr entscheidend herausstellen. Die Sache ist die, daß eine Steinbock-Frau wissen möchte, welche Absichten ein Mann hegt, noch bevor er überhaupt welche hat. Oder, anders gesagt, noch bevor der Schütze-Mann sich im klaren darüber ist, welche Absichten er ihr gegenüber hegt. Wenn es dieselben sind, die er anderen Frauen gegenüber hegt, dann sollte er sie besser gleich vergessen. Männliche Schützen sind keine Schwerenöter und nicht gerade die treuesten Männer der Welt, zumindest nicht, solange sie sich noch unter den Töchtern des Landes umsehen. Wenn sie aber ihre Herzensdame gefunden haben, können sie treue und liebevolle Ehemänner werden.

Die Steinbock-Frau denkt in der Liebe genauso praktisch wie in anderen Dingen des Lebens. Was gestern war, zählt für sie nicht. Sie verzeiht ihrem Schützen seine vergangenen »Eskapaden« und ist vernünftig und selbstsicher genug, um ihm heute zu trauen. Zukünftige Seitensprünge wird sie ihm jedoch nicht verzeihen. Sollte er sie betrügen, wird sie ihn verlassen.

Ihre Sprödigkeit wird den Schützen nicht sofort entmutigen. Schließlich darf man nicht vergessen, daß er in einem männlichen Sonnenzeichen geboren ist und vom ebenfalls männlichen Jupiter regiert wird, er also unter doppelt maskulinem Einfluß steht. Deshalb wird er ihre Herausforderung annehmen. Die Steinbock-Frau läßt sich von einem feigen Liebhaber nicht erobern, doch der Schütze-Mann ist ja auch nicht feige. Er ist nur – in puncto Raffinesse – ein bißchen tölpelhaft. So kann er ungewollt mit einer zu offenherzigen Bemerkung herausplatzen, die ihr Feingefühl verletzt (Steinbock-Frauen sind schrecklich feinfühlig, besonders in der Öffentlichkeit).

Dafür rechnet sie ihm aber seine Ehrlichkeit hoch an. Und er bewundert umgekehrt die ihre. In dieser Hinsicht kommen sie wunderbar miteinander aus. Sie ist vernünftig und praktisch veranlagt und neigt dazu, die Dinge nicht unbedingt rosiger zu sehen, als sie sind. Er wiederum nimmt kein Blatt vor den Mund und weigert sich, die Wahrheit in schonende Worte zu kleiden. Direktheit zählt zu ihrer beider Strategie und ist eine gemeinsame Tugend, eine Basis für ihr Einfühlungsvermögen, wenn sie auch für ihre Freunde manchmal hart sein mag.

Die beiden Sonnenzeichen können gemeinsame Interessen an Musik oder Kunst, Juristerei oder Religion haben, wobei er den Eindruck bekommt, daß sie alles für ihre Herzenswünsche opfert. Und er hat recht. Wenn sie z. B. in einer Kleinstadt lebt und dort keine Möglichkeiten zur Weiterbildung hat, dann wird sie einen Job an einer Tankstelle annehmen, Benzintanks füllen, Windschutzscheiben blankputzen – und genug Geld sparen, um in eine größere Stadt gehen zu können, wo sie all das lernen kann, was sie möchte. Trotzdem wird es unserer Steinbock-Frau gewöhnlich gelingen, während ihrer Ausbildung bei ihrer Familie zu leben, und sie wird ihr Zuhause nur ungern verlassen, um sich allein durchzuschlagen. Der Schütze hat Verständnis für ihre Opferbereitschaft, was ihre Ziele angeht. Er selbst ist zu ähnlichen Opfern bereit.

Je älter die Steinbock-Frau ist, desto größer sind die Chancen, daß sie glücklich an der Seite ihres Schütze-Geliebten oder -Gatten in der Weltgeschichte herumreisen wird. Ihr fehlte diese Art von überschäumender Freude und Freiheit, als sie noch ein Kind war, und ihr praktisch orientiertes und trotzdem innerlich schmachtendes Herz schlägt bei dem Gedanken, es mit dem Mann, den sie liebt, zu probieren, ein wenig schneller. Geduld ist der Schlüssel zu ihrem Herzen. Doch muß sie eigene Vorstellungen von ihrem Glück entwickeln, sobald der Schütze sie erobert hat. Er verwirrt sie, und manchmal verletzt er sie auch tief, mit seiner ungezwungenen Art zu reden. Sie sollte versuchen, zu verstehen, daß er nicht wirklich absichtlich unfreundlich ist. Seine offenherzige Ausdrucksweise ist spontan und entspringt aus einer Art von momentanem Zwang, die Wahrheit auszudrücken.

Die sexuelle Übereinstimmung zwischen diesen beiden Sonnenzeichen wird nur von zwei Dingen überschattet, die, wenn beide es wollen, aus dem Weg geräumt werden können: seine Neigung, gedankenlos etwas zu sagen, das ihre Gefühle erkalten läßt und dann zu erwarten, daß sie wenige Stunden oder Minuten später in seinen Armen liegt, und ihre Neigung, ihre Liebesspiele als eine erfreuliche Notwendigkeit zu betrachten, die verbunden mit der Angst ist, daß ihre Leidenschaft über ihren Verstand siegen könnte. Ihr sexuelles Verhalten kann ihm zu diszipliniert erscheinen, so als würde sie sich nicht völlig den Mysterien der Liebe hingeben, sondern Sexualität nur als etwas Zweckmäßiges »tolerieren«. Sie wird keine Freude an ihrem Einssein finden, bis er ihr sanft und zärtlich dabei hilft, seinen Umarmungen zu trauen, bis sie weiß, daß sie sich bei ihm *sicher* fühlen kann. Und genau dann, wenn sie beginnt, ihm zu vertrauen, verletzt er sie durch unnötige Bemerkungen, durch etwas, was lieber unausgesprochen geblieben wäre.

Wenn sie auch mit den Achseln zuckt, um seine verletzenden, aber auch seine freundlichen und komplimentträchtigen Worte abzuschütteln, als würde sie weder das eine noch das andere berühren, so treffen sie seine Bemerkungen doch. Und wie sie sie treffen! Harte Worte hinterlassen tiefe Wunden, die sie niemals zeigen wird. Die freundlichen werden ein schüchternes Lächeln auf ihre Lippen zaubern, einen schwachen Seufzer des Glücks hervorrufen – wenn sie sicher ist, daß er nicht schaut oder zuhört. Die äußerliche Kühle dieser hübschen, ernsten, selbstbeherrschten Frau verbirgt eine tiefe innere Einsamkeit, die sie niemals auszudrücken vermag. Diese Frau braucht soviel Wärme. Gesagt zu bekommen, wie hübsch sie ist und Komplimente zu erhalten, bringt viel mehr Licht in ihr Leben, als der Mann, der sie liebt, ahnen kann.

Trotz all der möglichen Schwierigkeiten werden die Ideale des Schützen die Steinbock-Frau lehren, eine tiefere Bedeutung des Lebens zu suchen, als sie es jemals gewagt hat, bevor er des Weges kam und sie bei der Hand nahm.

Er besitzt wirklich magische Kräfte, um sie aus dem Bann ihrer Depressionen zu befreien – mit einem leuchtenden Gedanken, der ihre Augen und ihren Geist gen Himmel richtet, wo sein herrschender Planet, Jupiter, mit all seinen Mysterien und Rätseln der Existenz blitzt und funkelt.

Steinbock-Mann – Schütze-Frau

Es gibt ein paar Steinbock-Männer, die schon als kleine Buben ihre Eltern verloren (ein wirklich tragisches Erlebnis für dieses Sonnenzeichen), andererseits kann es auch hier und da Steinböcke geben, die mit ihren Eltern uneins waren und von zu Hause wegliefen, um die Welt zu sehen, als sich ihre ersten Barthärchen zeigten. Von letzteren gibt es aber nur sehr wenige. Doch wenn Mond und Saturn in seinem Horoskop nicht gerade völlig disharmonieren, so wird der typische Steinbock (genau der, in den Sie sich wahrscheinlich verliebt haben) seine Familie auf Händen tragen, so wie Atlas die Erde auf seinen Schultern trägt – mit derselben Ergebenheit und für ungefähr dieselbe Zeitdauer.

Dies soll eine Warnung für die reizende, blind vertrauende Schütze-Frau sein, die glaubt, daß ihr Steinbock sie über alles in der Welt liebt. Er liebt sie. Er mag sie sogar anhimmeln, ihr an ihrem Geburtstag einen Rosenstrauß überreichen, sie mit seinem Auto fahren lassen (wenn er das tut, liebt er sie *wirklich*), doch sie wird nie und nimmer das Wichtigste für ihn auf Erden sein. Diese Ehre wird schon seiner Familie zuteil – und das so lange, bis er seinen letzten Atemzug tut. Ob die guten Verwandten nun eine Last für ihn sind, weil sie allesamt in einem finanziellen Fiasko stecken, oder ob sie eine muntere, vergnügliche Sippschaft sind, *Familie* ist *Familie*.

Der Steinbock muß nicht unbedingt an dem Haus hängen, in dem seine Eltern leben, wie es beim männlichen Krebs der Fall ist. Steinböcke ziehen sogar aus der Stadt, aus dem Bezirk, in dem ihre Verwandtschaft lebt. Doch egal, wie nah oder fern sie von ihr verweilen – die Nabelschnur zu ihrer Familie durchzuschneiden, ist das wahnwitzige Unterfangen einer Frau, die das Unmögliche versucht.

Für die Schütze-Frau sind die Verwandten gewiß ganz nette Menschen, die ab und zu sogar recht willkommen sind, doch ihr starker Individualismus veranlaßte sie, schon in frühester Jugend die engen Bande zu ihrer Familie zu lösen und ein eigenes Leben zu führen. Man braucht sich nur das Beispiel der Vögel vor Augen zu führen. Sie *sollen*, ja *müssen* ihr Nest früh verlassen, oder vielleicht nicht? In der Natur wird das Vogeljunge von seinen umsorgenden Eltern sogar aus dem Nest gestoßen, damit es zu fliegen und zu überleben lernt. Der Schütze hält diese Erziehungsmethode für vernünftig und aufregend.

Der Steinbock dagegen hält sie für teuflisch, brutal und herzlos. Allein der Gedanke läßt ihn erschaudern. Wie grausam! Wer wird sie füttern und umhegen, wenn der Winter kommt? Nicht die Vogel-*Jungen* – die Vogel-*Eltern*. Der Krebs macht sich Sorgen darüber, wer *ihn* versorgt. Der Steinbock macht sich Sorgen um seine Familie, nicht weil *er* schutzbedürftig ist, sondern weil er glaubt, daß *sie* seines Schutzes bedarf. Das ist ein Unterschied. Das Resultat ist dasselbe – Krebs und Steinbock sind schwer von ihren Familien zu trennen.

Steinbock-Männer gehören nicht zum aggressiven Typ. Die meisten sind rührend altmodisch und galant. Der Steinbock ist nicht der Mann, der sie mit einem Tarzan-Schrei auf seine Schultern hievt, Kurs auf den Urwald nimmt, um sie auf einer Lagune im Mondenschein zu umwerben. Der Steinbock ist anständig und umsichtig und immer – zumindest zu einem gewissen Grad – darauf bedacht, »was andere Leute denken könnten«. Das braucht nicht zu bedeuten, daß er keinen Sinn für Romantik hat. Es ist nur eben so, daß seinen Romanzen (im Anfangsstadium) etwas Schüchternheit beigemischt ist.

Wenn eine Schütze-Frau von Zeit zu Zeit Beschwerden anzumelden hat, was die Launen ihres Steinbock-Liebhabers oder -Gatten angeht, dann sollte sie ihren natürlichen Instinkt der Offenheit ein wenig an die Kandare nehmen. Sie kann seine Gefühle – und ihre Beziehung – retten, indem sie ein Wörterbuch studiert und ihren Kopf gebraucht. Es wird ihr auf die Dauer viel Herzensnot ersparen, wenn sie eine Art Spiel mit synonymen Wörtern erfindet, sobald er verärgert ist. Hier ein Beispiel. Was ist ein anderes Wort für egoistisch? Ichbezogen. Und wie kann man kalt und herzlos anders ausdrücken? Was halten Sie von vernünftig und gefühlsarm? Knauserig ist ein hartes Wort. Sparsam hört sich schon besser an. Und wie wär's mit umsichtig und korrekt statt spießig?

Wenn sie ihn anbrüllt: »Du bist egoistisch! Du bist kalt und herzlos! und obendrein bist du knauserig und spießig!« – dann wird sie ihn verlieren (und auch die Chance vertun, unter seiner energischen, geduldigen Führung zu reifen). Es klingt schon sanfter, weniger grob und verletzend, wenn sie ganz einfach und ruhig sagt: »Ach weißt du, du bist manchmal ein wenig ichbezogen. Du bist auch ein bißchen zu vernünftig, zu umsichtig und sparsam. Bist du dir darüber im klaren?« Wenn sie ihre Beschwerde auf diese Weise vorbringt, wird er sich bestimmt im Geist eine Notiz machen, daß er sein Verhalten etwas ändern sollte, und er könnte sogar lächeln, jawohl lächeln. Es ist erstaunlich, wie gerne manche Leute die zweifelhaften Eigenschaften ihres Sonnenzeichens aufgezählt bekommen, obwohl diese Eigenschaft wiederum von anderen eher als negativ bezeichnet wird. Sagen Sie einem Stier, daß er impulsiv ist, und er runzelt die Stirn. Dasselbe Wort würde einen Schützen in Entzücken versetzen. Erzählen Sie einem Löwen, daß er hochmütig ist, und er wird Sie anstrahlen. Dasselbe Wort würde einen Jungfrau-Menschen beleidigen. Und so fort. Was für die einen ein Fehler ist, ist für andere eine Tugend.

Das Thema Liebe führt uns natürlich zwangsläufig zur Sexualität, da die beiden Dinge in einer emotionellen Beziehung zwischen Mann und Frau unmöglich zu trennen sind. Sex allein führt zur Krankheit des Geistes und zu tödlicher Leere. Liebe allein, ohne Sex, bedeutet Unausgefülltheit und Vereinsamung, denn Liebe und Sex sind Zwillinge. Die sexuelle Übereinstimmung in dieser 2:12-Sonnenzeichen-Partnerschaft, die sich aus einem Erd- und einem Feuerzeichen zusammensetzt, ist so gut oder schlecht wie die Anpassung in den anderen Bereichen. Zu Anfang besteht eine Art von Berührungszwang, eine starke Neugierde auf beiden Seiten.

Solch eine starke Neugier muß zwangsläufig eine gewaltige Anziehungskraft zwischen ihnen auslösen. Erst später, wenn ihre Liebe ein neues Stadium erreicht hat, das Stadium gegenseitiger Vertrautheit, wird der physische Aspekt ihrer Beziehung an Reiz verlieren. Befriedigte Neugier beraubt die freudige Erwartung ihres größten Zaubers. Doch ein wenig mehr Phantasie seinerseits, ein bißchen mehr Geduld ihrerseits – und sie werden begreifen, daß Vertrautheit nicht unbedingt der Anfang allen Übels sein muß. Vertrautheit kann auch jene seltene Art warmer Zuneigung und tiefer Leidenschaft bergen, die durch reine Neugier auf das Unbekannte nie erreicht wird. Er muß sich vor der emotionellen Taktlosigkeit hüten, nach dem Liebesakt sofort laut schnarchend in den Schlaf zu versinken – oder vor ihrer sexuellen Vereinigung auf jede zärtliche Liebkosung zu verzichten. Sie sollte ihre Neigung zu verbaler Plumpheit oder Unbeholfenheit etwas zügeln und ihn nicht mit schmerzlichen Wahrheiten zu treffen suchen – gerade in dem Augenblick, in dem er gerade liebevoll seinen Arm um sie legen wollte.

Der Steinbock ist ein Mann, der sich hoch oben auf einer einsamen Bergspitze allein (oder mit ihr) mehr zu Hause fühlt als im lauten Trubel des Lebens. Er braucht eine gewisse Anerkennung und Erfolge (solange er keine Autogramme zu unterschreiben hat, das ist ihm nämlich zuwider). In dem Maße, wie ihm Anerkennung und Erfolg versagt bleiben, sucht er bei seiner Frau respektvolle Anerkennung für seine Leistungen. Das ist ihm ein lebensnotwendiges Bedürfnis und sollte so weit wie eben möglich befriedigt werden. Er bewundert und beneidet Ruhm und Erfolg und glaubt deshalb, versagt zu haben, wenn er es nicht wenigstens bis zur Spitze eines bescheidenen Hügels gebracht hat. Es braucht nicht unbedingt der Mount Everest zu sein. Der Schlüssel zu seiner Übellaunigkeit ist die Enttäuschung über sich selbst, über das Niveau seiner Leistungen – die Distanz zwischen dem tatsächlich Erreichten und seinen heimlich gesteckten Zielen.

Die Persönlichkeits-Typen

Kardinal-zeichen (Führer)	Feste Zeichen (Organisatoren)	Veränderliche Zeichen (Vermittler)
Widder	Stier	Zwillinge
Krebs	Löwe	Jungfrau
Waage	Skorpion	Schütze
Steinbock	Wassermann	Fische

Positive (männliche) Zeichen (aggressive, dynamische Idealisten)	Negative (weibliche) Zeichen (verschlossene, nachdenkliche Strategen)
Widder	Stier
Zwillinge	Krebs
Löwe	Jungfrau
Waage	Skorpion
Schütze	Steinbock
Wassermann	Fische

Feuerzeichen (inspiriert)		Luftzeichen (geistig)	
Widder –	Kardinal – Feuer	Waage –	Kardinal – Luft
Löwe –	Fest – Feuer	Wassermann –	Fest – Luft
Schütze –	Veränderlich – Feuer	Zwillinge –	Veränderlich – Luft

Erdzeichen (sachlich)		Wasserzeichen (empfindsam)	
Steinbock –	Kardinal – Erde	Krebs –	Kardinal – Wasser
Stier –	Fest – Erde	Skorpion –	Fest – Wasser
Jungfrau –	Veränderlich – Erde	Fische –	Veränderlich – Wasser

Widder:	Feuer-Positiv-Männlich-Kardinal inspirierter, aggressiver, dynamischer, idealistischer *Führer*
Löwe:	Feuer-Positiv-Männlich-Fest inspirierter, aggressiver, dynamischer, idealistischer *Organisator*
Schütze:	Feuer-Positiv-Männlich-Veränderlich inspirierter, aggressiver, dynamischer, idealistischer *Vermittler*
Steinbock:	Erde-Negativ-Weiblich-Kardinal verschlossener, nachdenklicher, strategischer *Führer*
Stier:	Erde-Negativ-Weiblich-Fest verschlossener, nachdenklicher, strategischer *Organisator*
Jungfrau:	Erde-Negativ-Weiblich-Veränderlich verschlossener, nachdenklicher, strategischer *Vermittler*
Waage:	Luft-Positiv-Männlich-Kardinal geistiger, aggressiver, dynamischer, idealistischer *Führer*
Wassermann:	Luft-Positiv-Männlich-Fest geistiger, aggressiver, dynamischer, idealistischer *Organisator*
Zwillinge:	Luft-Positiv-Männlich-Veränderlich geistiger, aggressiver, dynamischer, idealistischer *Vermittler*
Krebs:	Wasser-Negativ-Weiblich-Kardinal empfindsamer, verschlossener, nachdenklicher, strategischer *Führer*
Skorpion:	Wasser-Negativ-Weiblich-Fest empfindsamer, verschlossener, nachdenklicher, strategischer *Organisator*
Fische:	Wasser-Negativ-Weiblich-Veränderlich empfindsamer, verschlossener, nachdenklicher, strategischer *Vermittler*

Die Verbindung der Elemente

Feuerzeichen

Widder Löwe Schütze	Feuer verbindet sich leicht mit Feuer und Luft, verlangt aber Toleranz in Verbindung mit Erde und Wasser.

Luftzeichen

Waage Wassermann Zwillinge	Luft verbindet sich leicht mit Luft und Feuer, verlangt aber Toleranz in Verbindung mit Erde und Wasser.

Erdzeichen

Steinbock Stier Jungfrau	Erde verbindet sich leicht mit Erde und Wasser, verlangt aber Toleranz in Verbindung mit Feuer und Luft.

Wasserzeichen

Krebs Skorpion Fische	Wasser verbindet sich leicht mit Wasser und Erde, verlangt aber Toleranz in Verbindung mit Feuer und Luft.

Feuer und Feuer
Wenn Feuer auf Feuer trifft, können die daraus entstehenden größeren und heißeren Flammen entweder zu einer Feuersbrunst führen, die sich selbst verzehrt und ausbrennt – oder sie können die Dunkelheit erhellen und das Eis und die Furcht des negativen Denkens schwinden lassen. Die Wahl liegt zu gleichen Teilen bei beiden Individuen.

Luft und Luft
Wenn Luft auf Luft trifft, ist das Ergebnis vollkommene Bewegungsfreiheit mit wenig oder keiner Einschränkung. Diese Verbindung kann zu einem glorreichen geistigen, emotionalen und

spirituellen Aufschwung führen. Doch ohne den Wind der Veränderung wird Luft muffig und verschmutzt; unter bestimmten Voraussetzungen kann Luft aber auch zur wütenden Raserei eines Tornados werden. Die Wahl liegt zu gleichen Teilen bei beiden Individuen.

Erde und Erde

Wenn Erde auf Erde trifft, kann diese Verbindung sich selbst einen mächtigen Berg von Glauben und Kraft bauen – oder statt dessen eine ausgedörrte Wüste werden, je nach der Richtung, die sie nimmt. Das Ergebnis kann auch ein Erdbeben mit vulkanischem Widerhall sein. Die Wahl liegt zu gleichen Teilen bei beiden Individuen.

Wasser und Wasser

Wenn Wasser auf Wasser trifft, gibt es keinen Widerstand und führt zu einem ständigen Strom an Inspiration, der schließlich in einen großen Ozean der Erleuchtung mündet – oder aber im negativen Sinn in eine kleine Bucht führt, aus der es kein Entrinnen gibt. Wasser löscht den Durst, doch ist es einmal außer Kontrolle, kann es verheerende Fluten erzeugen. Die Wahl liegt zu gleichen Teilen bei beiden Individuen.

Feuer und Luft

Luft schürt Feuer und läßt es heller brennen, stimuliert Enthusiasmus und Erregung – oder entzündet Leidenschaft und Zorn. Zuviel Feuer kann den Sauerstoff der Luft verbrennen und läßt somit das Atmen zum Problem werden – und zuviel Luft, etwa ein starker Wind, kann eine Flamme düsterer flakkern lassen. Die Wahl liegt zu gleichen Teilen bei beiden Individuen.

Feuer und Erde

Es ist offensichtlich, welches der beiden Elemente das stärkere und dauerhaftere ist. Erde bleibt, wo sie ist, wenn sie nicht durch eine innere Explosion oder durch äußere Kräfte bewegt wird. Feuer bahnt seinen eigenen Kurs und strebt immer zun Himmel. Feuer kann die Erde versengen, aber niemals ganz zerstören. Erde kann Feuer unterstützen, indem sie ein festes Fundament für seine Flammen baut; zuviel Erde jedoch kann auch das leuchtendste Feuer begraben. Die Wahl liegt zu gleichen Teilen bei beiden Individuen.

Feuer und Wasser

Ein großes Feuer kann durch seine übermäßige Hitze eine kleine Menge Wasser austrocknen. Andererseits können große Mengen Wasser Feuer löschen, die Flammen ersticken. Daher fürchtet oder respektiert Feuer instinktiv das Wasser und umgekehrt. Beide spüren im Unterbewußtsein die Gefahr – daß jeder fähig ist, den anderen vollkommen zu zerstören. Die Wahl liegt zu gleichen Teilen bei beiden Individuen.

Erde und Luft

Erde enthält Luft und braucht sie, aber Luft enthält weder Erde, noch braucht sie sie. Erde muß bleiben, wo sie ist, und kann nur durch Erdbeben, vulkanische oder äußere Kraft bewegt werden. Luft hat sich von solchen Einschränkungen freigemacht und bewegt sich je nach Laune über die Erde, verändert weder die Erde, noch verharrt sie dort lange Zeit. Die Erde ist unabhängig von der Luft, ist sich scheinbar deren Existenz nicht bewußt, so lange, bis starke Winde die Pflanzen und Blumen stören, die auf ihrer Oberfläche wachsen, in ihrem Schoß verwurzelt sind. Das Ergebnis wird von der Wahl bestimmt, die zu gleichen Teilen bei beiden Individuen liegt.

Erde und Wasser

Wasser sucht ein Heim, das es in der Erde findet, indem es sie durchdringt und befeuchtet, was einen Segen für die Erde darstellt. Denn es ist das Wasser allein, das der Erde erlaubt, allen Pflanzenformen, Bäume und Blumen, Leben zu schenken. Ohne die *Bereicherung* durch Wasser ist die Erde trocken und unbrauchbar. Diese beiden Elemente sind dazu bestimmt, voneinander abhängig zu sein. Doch zuviel Wasser kann die Erde in Schlamm und Schwimmsand verwandeln – und zuwenig Wasser kann in den Gebirgsmassen der Erde verschwinden und sich verlieren. Das Ergebnis wird von der Wahl bestimmt, die zu gleichen Teilen bei beiden Individuen liegt.

Luft und Wasser

Luft durchdringt Wasser . . . bewegt es, wühlt es zu peitschenden Wellen auf . . . und zieht weg . . . ein Eindringen oder ein Angriff, über den Wasser keine Kontrolle hat. Wenn Wasser Luft in Form von Feuchtigkeit durchdringt, so wird die Luft schwer. Doch bringt dies der ganzen Natur auch die Erleichterung des Regens, der wie durch Zauber Luft *in ihr eigenes Element* zurückverwandelt, eine Umwandlung, über die die Luft keine Kontrolle hat. In der endgültigen Analyse hat keines der beiden Individuen eine Wahl bezüglich des Ergebnisses – nur durch den höheren Willen des Schicksals.

Die Sonnenzeichen-Kombinationen

1:1-Sonnenzeichen-Kombinationen

Widder–Widder
Stier–Stier
Zwillinge–Zwillinge
Krebs–Krebs
Löwe–Löwe
Jungfrau–Jungfrau
Waage–Waage
Skorpion–Skorpion
Schütze–Schütze
Steinbock–Steinbock
Wassermann–Wassermann
Fische–Fische

2:12-Sonnenzeichen-Kombinationen

Widder–Fische
Stier–Widder
Zwillinge–Stier
Krebs–Zwillinge
Löwe–Krebs
Jungfrau–Löwe
Waage–Jungfrau
Skorpion–Waage
Schütze–Skorpion
Steinbock–Schütze
Wassermann–Steinbock
Fische–Wassermann

3:11-Sonnenzeichen-Kombinationen

Widder–Zwillinge
Widder–Wassermann
Stier–Krebs
Stier–Fische
Zwillinge–Löwe
Krebs–Jungfrau
Löwe–Waage
Jungfrau–Skorpion
Waage–Schütze
Skorpion–Steinbock
Schütze–Wassermann
Steinbock–Fische

4:10-Sonnenzeichen-Kombinationen

Widder–Krebs
Widder-Steinbock
Stier–Löwe
Stier–Wassermann
Zwillinge–Jungfrau
Zwillinge–Fische
Krebs–Waage
Löwe–Skorpion
Jungfrau–Schütze
Waage–Steinbock
Skorpion–Wassermann
Schütze–Fische

5:9-Sonnenzeichen-Kombinationen

Widder–Löwe
Widder–Schütze
Stier–Jungfrau
Stier–Steinbock
Zwillinge–Waage
Zwillinge–Wassermann
Krebs–Skorpion
Krebs–Fische
Löwe–Schütze
Jungfrau–Steinbock
Waage–Wassermann
Skorpion–Fische

6:8-Sonnenzeichen-Kombinationen

Widder–Jungfrau
Widder–Skorpion
Stier–Waage
Stier–Schütze
Zwillinge–Skorpion
Zwillinge–Steinbock
Krebs–Schütze
Krebs–Wassermann
Löwe–Steinbock
Löwe–Fische
Jungfrau–Wassermann
Waage–Fische

7:7-Sonnenzeichen-Kombinationen

Widder–Waage
Stier–Skorpion
Zwillinge–Schütze
Krebs–Steinbock
Löwe–Wassermann
Jungfrau–Fische

Wie Sie aus der Darstellung des Schicksalsrades (S. 162) entnehmen werden, leiten sich die Sonnenzeichen-Kombinationen folgendermaßen ab: Indem man jedes Sonnenzeichen als Nummer 1 bezeichnet, ist Widder das 9. Zeichen von Löwe und Löwe das fünfte Zeichen von Widder (immer entgegen dem Uhrzeigersinn). Daher ist Widder-Löwe eine 5:9-Sonnenzeichen-Kombination.

Stier ist 9 Häuser (oder Zeichen) von Jungfrau – und Jungfrau 5 Häuser vom Stier entfernt. Daher ist Stier–Jungfrau auch eine 5:9-Kombination. Ebenso Stier–Steinbock und Jungfrau–Steinbock. Die gleiche Methode wird angewandt, um alle anderen Sonnenzeichen-Kombinationen zu bestimmen.

Das Schicksalsrad

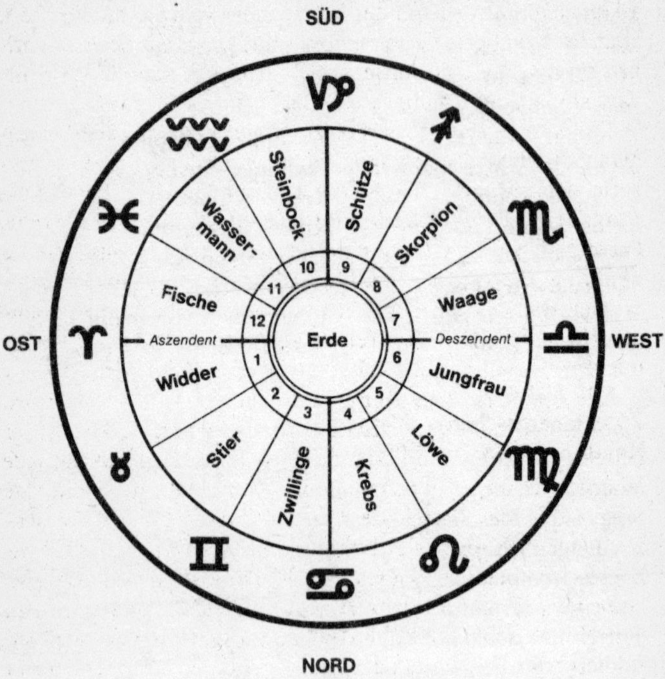

Die Symbole

Widder	♈	Waage	♎	Mars	♂	Pluto	♇
Stier	♉	Skorpion	♏	Venus	♀	Jupiter	♃
Zwillinge	♊	Schütze	♐	Merkur	☿	Saturn	♄
Krebs	♋	Steinbock	♑	Mond	☽	Uranus	♅
Löwe	♌	Wassermann	♒	Sonne	☉	Neptun	♆
Jungfrau	♍	Fische	♓				

Sie werden bemerkt haben, daß die beiden Zahlen aller Sonnenzeichen-Kombinationen zusammengerechnet immer die Zahl 14 ergeben. Alle – außer der 1:1-Sonnenzeichen-Kombination. Dem liegt ein tiefes Geheimnis zugrunde, es stellt einen wichtigen mystischen Symbolismus des männlich-weiblichen Prinzips, ähnlich der Zwillingsseele dar.

Die Zahl 14 symbolisiert die 14 Teile des Osiris, der von seinem Bruder Seth erschlagen wurde, und dessen Körper und Seele gleichermaßen in 14 Teile zertrennt wurden. Es war die Aufgabe der Zwillingsseele von Osiris – Isis –, die 14 Teile ihres Partners zu suchen, durch viele, ermüdende, ewig lange Zeiten hindurch. Die Legende erzählt, daß im Wassermann-Zeitalter die vierzehn Teile des Osiris sich wieder zu *einem* Mann zusammenfügen (»mit allen zerstreuten Teilen, ganz und gar«), und er mit seiner Zwillingsseele – Isis – wiedervereinigt wird.

Alle Sonnenzeichen-Kombinationen ergeben – wie oben schon erwähnt – die mystische Osiris-Isis-Zahl 14, die es jeder einzelnen Kombination erlaubt, nach Einheit zu suchen, jede innerhalb der eigenen Schwingungs-Kombination. Der einzige Weg, wie sich Liebende oder Partner, die von der 1:1-Sonnenzeichen-Kombinations-Schwingung beeinflußt sind, als Zwillingsseelen erkennen können – und ihr Karma befriedigen – ist, daß einer von ihnen spirituell genügend entwickelt ist, um zu der »Höheren Oktave-Zahl« der Eins zu »schwingen« – der 13. Addiert man diese nun zu der Eins der anderen Person, so ergibt diese Kombination die mystische Isis-Osiris-Zahl 14, und dann stehen beide unter dem Schwingungs-Einfluß der Zahl 8. Denn: zweimal 13 ist gleich 26, und diese beiden Ziffern addiert ergeben die Zahl 8. (Die Zahl 8 stellt den doppelten Schlangenkreis des Liebesgeheimnisses dar – zwei Kreise oder zwei Nullen aufeinandergestellt.)

Wenn zwei Personen, die in einer 1:1-Sonnenzeichen-Kombination stehen, spirituell im gleichen Maß entwickelt sind, können sie den »Blitz-Pfad« des Karma erfahren – in Verbindung mit verschiedenen anderen bzw. unter gewissen Umständen – und so gemeinsam schnell die Erleuchtung erlangen, wenngleich dies auch eine seltene mystische Vollendung ist.

Aspekte

Sonnenzeichen, *Mondzeichen* und *Aszendenten* stehen im Trigon (positiv oder harmonisch) zueinander

Widder–Löwe	Zwillinge–Waage	Löwe–Schütze
Widder–Schütze	Zwillinge–Wassermann	Jungfrau–Steinbock
Stier–Jungfrau	Krebs–Skorpion	Waage–Wassermann
Stier–Steinbock	Krebs–Fische	Skorpion–Fische

Sonnenzeichen, *Mondzeichen* und *Aszendenten* stehen im Sextil (positiv oder harmonisch) zueinander

Widder–Zwillinge	Zwillinge–Löwe	Waage–Schütze
Widder–Wassermann	Krebs–Jungfrau	Skorpion–Steinbock
Stier–Krebs	Löwe–Waage	Schütze–Wassermann
Stier–Fische	Jungfrau–Skorpion	Steinbock–Fische

Sonnenzeichen, *Mondzeichen* und *Aszendenten* stehen in Konjunktion (positiv oder harmonisch) zueinander

Widder–Widder	Löwe–Löwe	Schütze–Schütze
Stier–Stier	Jungfrau–Jungfrau	Steinbock–Steinbock
Zwillinge–Zwillinge	Waage–Waage	Wassermann–Wassermann
Krebs–Krebs	Skorpion–Skorpion	Fische–Fische

Sonnenzeichen, *Mondzeichen* und *Aszendenten* stehen im Quadrat (negativ oder unharmonisch) zueinander

Widder–Krebs	Zwillinge–Jungfrau	Jungfrau–Schütze
Widder–Steinbock	Zwillinge–Fische	Waage–Steinbock
Stier–Löwe	Krebs–Waage	Skorpion–Wassermann
Stier–Wassermann	Löwe–Skorpion	Schütze–Fische

Sonnenzeichen, *Mondzeichen* und *Aszendenten* stehen in Opposition (negativ oder unharmonisch) zueinander

Widder–Waage	Krebs–Steinbock
Stier–Skorpion	Löwe–Wassermann
Zwillinge–Schütze	Jungfrau–Fische

Wenn sich Sonne, Mond oder der Aszendent in einem der folgenden Zeichen befinden, so stehen sie im positiven (oder harmonischen) Trigon-Aspekt zueinander. – Hierzu muß aber beachtet werden, daß sich die Genauigkeit der genannten Aspekte nur aus dem individuell errechneten Horoskop ersehen läßt (gemäß der Geburtsstunde).

Sonnenzeichen-Verträglichkeiten

1:1-Sonnenzeichen-Kombination

Ihr Sonnenzeichen (links) bildet mit dem ihm gegenübergestellten Sonnenzeichen (rechts) eine 1:1-Sonnenzeichen-Kombination.

Widder	....	Widder
Stier	....	Stier
Zwillinge	....	Zwillinge
Krebs	....	Krebs
Löwe	....	Löwe
Jungfrau	....	Jungfrau
Waage	....	Waage
Skorpion	....	Skorpion
Schütze	....	Schütze
Steinbock	....	Steinbock
Wassermann	....	Wassermann
Fische	....	Fische

In Freundschafts-, Geschäfts-, Familien- oder Liebesbeziehungen mit Menschen, die unter dem gleichen Sonnenzeichen geboren sind, wird jeder von Ihnen versucht sein, seine Tugenden oder Laster zu übertreiben. Alle positiven Persönlichkeits- und Charakterzüge werden sich in ihrer Intensität verstärken – aber auch die negativen Züge. Sie sollten sich beide bemühen, die »guten« Eigenschaften des Sonnenzeichens, das Sie gemeinsam haben, zu fördern – und die »schlechten« Eigenschaften des Sonnenzeichens abzulegen oder zu tolerieren.

Die Aspekte zwischen den anderen Planeten, den Monden oder Aszendenten beider Horoskope werden die oben gegebene Beschreibung der Beziehung etwas verändern (im negativen wie auch im positiven Sinn), doch werden sie die der 1:1-Sonnenzeichen-Kombination zugrunde liegende Wechselwirkung nicht entscheidend ändern.

2:12-Sonnenzeichen-Kombination

Ihr Sonnenzeichen (links) bildet mit dem ihm gegenübergestellten Sonnenzeichen (rechts) eine 2:12-Sonnenzeichen-Kombination.

Widder	Der Widder muß vom Stier lernen – der Stier toleriert die Unzulänglichkeiten und die unterschiedlichen Auffassungen des Widders	Stier
Stier	Der Stier lernt Lektionen von den Zwillingen – die Zwillinge tolerieren die Unzulänglichkeiten und die unterschiedlichen Auffassungen des Stiers.	Zwillinge
Zwillinge	Die Zwillinge lernen Lektionen vom Krebs – der Krebs toleriert die Unzulänglichkeiten und die unterschiedlichen Auffassungen der Zwillinge.	Krebs
Krebs	Der Krebs lernt Lektionen vom Löwen – der Löwe toleriert die Unzulänglichkeiten und die unterschiedlichen Auffassungen des Krebses.	Löwe
Löwe	Der Löwe lernt Lektionen von der Jungfrau – die Jungfrau toleriert die Unzulänglichkeiten und die unterschiedlichen Auffassungen des Löwen.	Jungfrau
Jungfrau	Die Jungfrau lernt Lektionen von der Waage – die Waage toleriert die Unzulänglichkeiten und die unterschiedlichen Auffassungen der Jungfrau.	Waage
Waage	Die Waage lernt Lektionen vom Skorpion – der Skorpion toleriert die Unzulänglichkeiten und die unterschiedlichen Auffassungen der Waage.	Skorpion
Skorpion	Der Skorpion lernt Lektionen vom Schützen – der Schütze toleriert die Unzulänglichkeiten und die unterschiedlichen Auffassungen des Skorpions.	Schütze
Schütze	Der Schütze lernt Lektionen vom Steinbock – der Steinbock toleriert die Unzulänglichkeiten und die unterschiedlichen Auffassungen des Schützen.	Steinbock

Steinbock	Der Steinbock lernt Lektionen vom Wassermann – der Wassermann toleriert die Unzulänglichkeiten und die unterschiedlichen Auffassungen des Steinbocks.	Wassermann
Wassermann	Der Wassermann lernt Lektionen von den Fischen – die Fische tolerieren die Unzulänglichkeiten und die unterschiedlichen Auffassungen des Wassermanns.	Fische
Fische	Die Fische lernen Lektionen vom Widder – der Widder toleriert die Unzulänglichkeiten und die unterschiedlichen Auffassungen der Fische.	Widder

In Freundschafts-, Geschäfts-, Familien- oder Liebesbeziehungen mit diesen Menschen wird einer von Ihnen fühlen, daß er viel vom anderen lernen muß. Derjenige, der den anderen lehrt, entwickelt ein unerklärliches Mitgefühl für die Schwächen und Fehler des anderen und versteht auf seltsame Weise dessen deutlich unterschiedliche Motive und Verhaltensweisen.

Die Aspekte zwischen den anderen Planeten, den Monden oder Aszendenten beider Horoskope werden die oben gegebene Beschreibung der Beziehung etwas verändern (im negativen wie auch im positiven Sinn), doch werden sie die der 2:12-Sonnenzeichen-Kombination zugrunde liegende Wechselwirkung nicht entscheidend ändern.

3:11-Sonnenzeichen-Kombination

Ihr Sonnenzeichen (links) bildet mit den ihm gegenübergestellten Sonnenzeichen (rechts) eine 3:11-Sonnenzeichen-Kombination.

Widder	....	Zwillinge und Wassermann
Stier	....	Krebs und Fische
Zwillinge	....	Widder und Löwe
Krebs	....	Stier und Jungfrau
Löwe	....	Zwillinge und Waage
Jungfrau	....	Krebs und Skorpion
Waage	....	Löwe und Schütze
Skorpion	....	Jungfrau und Steinbock
Schütze	....	Waage und Wassermann
Steinbock	....	Skorpion und Fische
Wassermann	....	Widder und Schütze
Fische	....	Stier und Steinbock

Sie spüren ein starkes Band der Freundschaft, gleichgültig, ob Sie Freundschafts-, Geschäfts-, Familien- oder Liebesbeziehungen zu diesen Menschen unterhalten. Gegenseitiges Vertrauen und leichte Verständigung herrschen in dieser Beziehung. Sie sind sehr unterschiedliche Charaktere; doch diese Unterschiede haben wenig oder keine Auswirkungen auf Ihre gegenseitige Hochachtung. Es könnte ein Sinn für Verantwortung, vielleicht ein unausweichliches Pflichtgefühl sein, das Sie zusammenführt und das Band zwischen Ihnen stärkt. Mit diesen Personen können Sie sich leicht unterhalten, und Sie werden einander ständig dazu anregen, Gewohnheiten und gegebene Situationen zu ändern.

Sie werden wahrscheinlich eine sehr enge Freundschaft mit diesen Menschen entwickeln und immer freundlich zueinander sein. Streitigkeiten werden schnell aus der Welt geschafft, vergeben und vergessen. Sie werden oft zanken oder sich uneinig sein, vielleicht verärgert über einige gemeinsame Verpflichtungen, die Sie verbinden, doch werden Sie sie nicht vermeiden können. Ja sogar dann, wenn Sie Ihre Verbindung zueinander als abgeschlossenes Kapitel betrachten sollten, wird sie Monate oder Jahre später wieder zum Durchbruch kommen und noch einmal aufgenommen werden.

Die Aspekte zwischen den anderen Planeten, den Monden oder Aszendeten beider Horoskope werden die oben gegebene Beschreibung der Beziehung etwas verändern (im negativen wie auch im positiven Sinn), doch werden sie die der 3:11-Sonnenzeichen-Kombination zugrunde liegende Wechselwirkung nicht entscheidend ändern.

4:10-Sonnenzeichen-Kombinationen

Ihr Sonnenzeichen (links) bildet mit den ihm gegenübergestellten Sonnenzeichen (rechts) eine 4:10-Sonnenzeichen-Kombination.

Widder	....	Krebs und Steinbock
Stier	....	Löwe und Wassermann
Zwillinge	....	Jungfrau und Fische
Krebs	....	Waage und Widder
Löwe	....	Stier und Skorpion
Jungfrau	....	Zwillinge und Schütze
Waage	....	Krebs und Steinbock
Skorpion	....	Löwe und Wassermann
Schütze	....	Jungfrau und Fische
Steinbock	....	Widder und Waage
Wassermann	....	Stier und Skorpion
Fische	....	Zwillinge und Schütze

Nicht immer, aber überraschend oft entladen sich Spannungen und Persönlichkeitskonflikte in Anwesenheit der Menschen, mit denen Sie – in Freundschafts-, Geschäfts-, Familien- oder Liebesbeziehungen – mit dieser Sonnenzeichen-Kombination verbunden sind – entweder mißbilligen Sie diese, oder Sie spüren, daß Sie selbst von ihnen mißbilligt werden. Einer von Ihnen wird möglicherweise wegen der strengen, erzieherischen Versuche des anderen nervös. Aus verschiedenen Gründen wird es bis zu einem gewissen Grad immer geistige und emotionelle Vorbehalte geben.

Stehen andere Planeten zwischen den beiden Horoskopen (besonders die Monde und Aszendenten) unter einem harmonischen (Konjunktion, Sextil oder Trigon) Aspekt, so wird es zwischen Ihnen und diesen Menschen zu tiefer Verehrung, Treue und Respekt kommen. Das wird dann die Ursache dafür sein, daß die unleugbaren ursprünglichen Unterschiede der Motivation und Persönlichkeit weniger frustrierend, weniger verwirrend werden – obwohl diese großen Auffassungsunterschiede und Ziele immer bestehen bleiben.

Stehen die anderen Planeten zwischen den beiden Horoskopen (besonders die Monde und Aszendenten) in Quadratur oder in Opposition (negativ), so ist Ihre Beziehung mit diesen Menschen tatsächlich spannungsgeladen und schwierig. Sie müssen eine Engelsgeduld aufbringen, um diese Beziehung zu meistern – doch der Lohn dafür wird groß sein.

5:9-Sonnenzeichen-Kombination

Ihr Sonnenzeichen (links) bildet mit den ihm gegenübergestellten Sonnenzeichen (rechts) eine 5:9-Sonnenzeichen-Kombination.

Widder	....	Löwe und Schütze
Stier	....	Jungfrau und Steinbock
Zwillinge	....	Waage und Wassermann
Krebs	....	Skorpion und Fische
Löwe	....	Widder und Schütze
Jungfrau	....	Stier und Steinbock
Waage	....	Zwillinge und Wassermann
Skorpion	....	Krebs und Fische
Schütze	....	Widder und Löwe
Steinbock	....	Stier und Jungfrau
Wassermann	....	Zwillinge und Waage
Fische	....	Krebs und Skorpion

Nicht immer, doch überraschend oft, finden Sie in Freundschafts-, Geschäfts-, Familien- oder Liebesbeziehungen Einfühlungsvermögen, geistige Anregung, emotionale Übereinstimmung (oder romantische Erfüllung) bei diesen Menschen.

Es besteht eine starke Sympathie zwischen Ihnen, Mißverständnisse sind gewöhnlich nicht schwerwiegend und werden schnell aus der Welt geschafft. Die Chancen für Harmonie sind ausgezeichnet; eine dauerhafte, glückliche Beziehung wird müheloser als mit jedem anderen Sonnenzeichen erreicht.

Stehen andere Planeten (besonders die Monde und Aszendenten) zwischen diesen Horoskopen in Quadratur oder Opposition (negativ), so kann es zu Zusammenstößen und Spannungen zwischen Ihnen und diesen Menschen kommen – die gemeinsame Basis kann zeitweilig ins Wanken geraten –, die grundsätzliche Übereinstimmung und das gegenseitige Verständnis werden jedoch immer bestehenbleiben.

Stehen andere Planeten zwischen diesen beiden Horoskopen (besonders die Monde und Aszendenten unter einem harmonischen Aspekt (Konjunktion, Sextil oder Trigon), so wird Ihre Beziehung mit diesen Menschen außergewöhnlich glücklich, reibungslos und voller Harmonie sein.

6:8-Sonnenzeichen-Kombination

Ihr Sonnenzeichen (links) bildet mit den ihm gegenübergestellten Sonnenzeichen (rechts) eine 6:8-Sonnenzeichen-Kombination.

Widder	....	Jungfrau und Skorpion
Stier	....	Waage und Schütze
Zwillinge	....	Skorpion und Steinbock
Krebs	....	Schütze und Wassermann
Löwe	....	Steinbock und Fische
Jungfrau	....	Widder und Wassermann
Waage	....	Stier und Fische
Skorpion	....	Widder und Zwillinge
Schütze	....	Stier und Krebs
Steinbock	....	Zwillinge und Löwe
Wassermann	....	Krebs und Jungfrau
Fische	....	Löwe und Waage

Sie werden in Freundschafts-, Geschäfts-, Familien- oder Liebesbeziehungen Kommunikationsschwierigkeiten mit diesen Menschen haben. Doch fühlen Sie sich seltsam gefesselt und mächtig in ihren Bann gezogen. Ist die Verbindung zwischen Ihnen eine Liebesbeziehung, so fühlen Sie eine unwiderstehliche sexuelle Anziehung.

Ist Ihre Beziehung keine Liebes-, sondern eine Freundschafts-, Geschäfts- oder Familienverbindung, so werden Sie sich dieser Person nicht sexuell verbunden fühlen, sondern durch gemeinsame Interessen am Übernatürlichen – Tod, Geburt, Reinkarnation und alle geistigen Angelegenheiten – oder durch Situationen im Zusammenhang mit Geld, das keinem von Ihnen gehört, d. h. dem Geld anderer. Es könnte Zeiten geben, wo diese Person in ihrer Beziehung zu Ihnen ohne Grund verschlossen zu sein scheint.

Irgendwie haben diese Menschen den Wunsch, Ihnen zu helfen; und auch Sie haben das Verlangen, dem anderen zu helfen. Einer von Ihnen oder beide werden dem anderen gern nützlich sein, ohne etwas übelzunehmen, und einer wird den anderen oft vor denen beschützen, die ihm – oder ihr – Schmerzen zufügen wollen. Es kann Zeiten geben, in denen die fortgesetzten Gefälligkeitsbezeugungen auf Ablehnung stoßen, doch gibt es diesbezüglich keine Wahl. In dieser Beziehung findet geleistete Hilfe ihren Lohn immer in der Faszination der Gemeinschaft selbst. Irgendwie wird jede der beiden aus dieser Verbindung großen Nutzen ziehen, und derjenige, der dient, bleibt gewöhnlich treu.

Die Aspekte zwischen den anderen Planeten, den Monden und den Aszendeten beider Horoskope werden die oben gegebene Beschreibung der Beziehung etwas verändern (im negativen wie auch im positiven Sinn), doch werden sie die der 6:8-Sonnenzeichen-Kombination zugrunde liegende Wechselwirkung nicht entscheidend ändern.

7:7-Sonnenzeichen-Kombination

Ihr Sonnenzeichen (links) bildet mit dem ihm gegenübergestellten Sonnenzeichen (rechts) eine 7:7-Sonnenzeichen-Kombination.

Widder	Waage
Stier	Skorpion
Zwillinge	Schütze
Krebs	Steinbock
Löwe	Wassermann
Jungfrau	Fische
Waage	Widder
Skorpion	Stier
Schütze	Zwillinge
Steinbock	Krebs
Wassermann	Löwe
Fische	Jungfrau

In Freundschafts-, Geschäfts-, Familien- oder Liebesbeziehungen zeigt sich der Einfluß dieser Kombination.

Nicht immer, aber oft, fühlen Sie sich körperlich angezogen von den Angehörigen des *anderen Geschlechts*, die unter dem Sonnenzeichen geboren sind, das dem Ihren hier gegenüber aufgeführt ist (und das dem Ihren auch im Schicksalsrad gegenübersteht) – oder Sie bewundern und respektieren sie insgeheim. Diese Menschen besitzen Charakter- und Persönlichkeitszüge, die Ihnen selbst fehlen. Die Anziehung und der Drang zur Nachahmung sind stark.

Möglicherweise fühlen Sie sich unbehaglich gegenüber den Angehörigen des *eigenen Geschlechts*, die unter diesem Sonnenzeichen geboren sind, beneiden sie oder betrachten sie als Konkurrenten.

Die Aspekte zwischen den anderen Planeten, den Monden und den Aszendenten beider Horoskope werden die oben gegebene Beschreibung der Beziehung etwas verändern (im negativen wie auch im positiven Sinn), doch werden sie die der 7:7-Sonnenzeichen-Kombination zugrunde liegende Wechselwirkung nicht entscheidend ändern.

Astrologische Fachausdrücke

Aspekte:	Entfernung zwischen zwei Gestirnen. *Konjunktion*: Zusammenkunft zweier Gestirne. Entfernung 0 Grad. *Sextil-Aspekt*: Abstand von 60 Grad (zweier Gestirne). *Trigonal-Aspekt*: Abstand von 120 Grad. *Quadrataspekt*: Abstand von 90 Grad. *Oppositionsaspekt*: Abstand von 180 Grad.
Aszendent:	Der aufsteigende Grad eines Zeichens am Ostpunkt des Horoskops zur Stunde der Geburt. *Deszendent*: Absteigender Grad.
Aura, Auren:	Ausstrahlung einer Persönlichkeit.
Charisma:	Wunderwirkung.
Dekanat:	Je zehn Grad eines Tierkreiszeichens.
Elementare Einteilung:	Der elementaren Einteilung des Tierkreises liegen die vier Elemente Feuer, Erde, Luft und Wasser zugrunde. Zu jedem Element gehören 3 Tierkreiszeichen, die im Abstand von 120 Grad (→ Aspekte, Trigonal-Aspekt) in Verbindung stehen. *Feuer-Element*: Widder, Löwe, Schütze *Erd-Element*: Stier, Jungfrau Steinbock *Luft-Element*: Zwillinge, Waage, Wassermann *Wasser-Element*: Krebs, Skorpion, Fische.
Esoterisch:	Mystisch,
Häuser:	die zwölf Einfluß-Sphären im Horoskop (auch Felder genannt).
Introversion:	Wirkung ins Seelische, Weg nach innen.
Karma:	Selbstgeschaffenes Schicksal.
Karmische Mission:	Die in diesem Leben gestellte Schicksalsaufgabe
Karmisches Rad:	→»Schicksalsrad«
Konjunktion:	→ Aspekte.
Mond-Zeichen:	Jenes Zeichen, in dem der Mond herrscht: Krebs.
Neptun-Aspekte:	Die Aspekte des Neptun zu anderen Gestirnen. Im negativen Aspekt Enttäuschungen / Täuschung.
Opposition:	→ Aspekte.
Planeteneinflüsse:	*Sonne*: Symbol für Geist, Individualität, Lebenskraft, Mann *Mond*: Symbol für Frau (auch Gattin/Mutter), ferner für Psyche, Unterbewußtsein.

Planeteneinflüsse: *(Fortsetzung)*	*Merkur*:	Verstand, Intellekt, Nervensystem, Vermittlung.
	Mars:	Wille, Energie, Aktivität, Kampf.
	Venus:	Liebe, Kunst, Ästhetik.
	Jupiter:	Harmonie, Gesetz, Religion, Expansion.
	Saturn:	Konzentration, Hemmung, Lebensernst, Arbeit.
	Uranus:	Wandlung, Umwälzung, Veränderung, Intuition.
	Neptun:	Beeinflußbarkeit, Empfänglichkeit, Künste, Täuschung, Illusion.
	Pluto:	Höhere Gewalt, Kollektiv, Zwang.
	Aszendent:	eigene Persönlichkeit, engere Umwelt, Körper

Polarität: Gegensätzliche Eigenschaften innerhalb eines Zeichens.

Promiskuität: Beziehungen mit verschiedenen, häufig wechselnden Partnern (im Sex).

Schicksalsrad: Horoskop mit den 12 Feldern; (auch: »Karmisches Rad«).

Sextil: → Aspekte.

Sonnenzeichen: Jenes Zeichen, in dem die Sonne herrscht: Löwe.

Sternzeichen: die zwölf Zeichen des Zodiaks von Widder bis Fische.

Tierkreis: je zwölf Abschnitte zu 30 Bogengraden, beginnend mit Widder bis Fische.

Trigon: → Aspekte.

Zodiak: Tierkreis (oder Zodiakus) Gürtel von zwölf Sternbildern, durch welche die scheinbare Jahresbahn der Sonne (oder Ekliptik) verläuft.